THE ART OF
PAYING TAXES

纳税的艺术

重构企业税负管理体系

胡浩然/著

中华工商联合出版社

图书在版编目（CIP）数据

纳税的艺术 / 胡浩然著. -- 北京：中华工商联合出版社，2023.1
ISBN 978-7-5158-3492-4

Ⅰ.①纳… Ⅱ.①胡… Ⅲ.①上市公司－税收管理－研究－中国 Ⅳ.①F812.423

中国版本图书馆CIP数据核字(2022)第197189号

纳税的艺术

作　　者：	胡浩然
出 品 人：	刘　刚
责任编辑：	于建廷　臧赞杰
封面设计：	周　源
责任审读：	傅德华
责任印制：	迈致红
出版发行：	中华工商联合出版社有限责任公司
印　　刷：	北京毅峰迅捷印刷有限公司
版　　次：	2023年1月第1版
印　　次：	2024年4月第3次印刷
开　　本：	710mm×1000mm　1/16
字　　数：	240千字
印　　张：	15.5
书　　号：	ISBN 978-7-5158-3492-4
定　　价：	58.00元

服务热线：010-58301130-0（前台）
销售热线：010-58301132（发行部）
　　　　　010-58302977（网店部）
　　　　　010-58302837（馆配部、新媒体部）
　　　　　010-58302813（团购部）
地址邮编：北京市西城区西环广场A座
　　　　　19-20层，100044
http://www.chgslcbs.cn
投稿热线：010-58302907（总编室）
投稿邮箱：1621239583@qq.com

工商联版图书
版权所有　盗版必究

凡本社图书出现印装质量问题，请与印务部联系。
联系电话：010-58302915

当我们凝视上市公司公告背后的税务问题时，我们在观察什么？

本书收录了笔者数十篇原创文章，先后对150多份上市公司的公告进行了分析。其中，既可以看到税企之间你来我往，刀光剑影，也能发现企业战略上的高屋建瓴，风生水起；既能看到专业技术上的闪转腾挪，也能体会政策与现实结合的万般无奈。

我们不禁想问：当我们凝视这些上市公司公告背后的税务问题时，我们到底在观察什么？

上市公司是所有企业合规经营的标杆，其税务处理一方面要满足税务监管的要求，另一方面要符合企业发展需要。合规与降负之间的微妙平衡系于一身，使得上市公司税务处理成为业界最好的参照。

税收政策是科学，企业执行是艺术，观者评判是哲学。我们需要的是一个集三者于一身的"企业税负管理体系"。这个体系是一个由原点、横轴、纵轴构成的坐标系。

一、原点：优化税负管理，服务企业战略

作为一名在税务战线上工作过20年的老兵，笔者总觉得当下很多人挂在嘴边的"合理避税""税务筹划"这些概念过于"油腻"。

究其原因，是一些人拿贪念当引子，引用一些概念招摇撞骗，从而偷税

漏税。满眼一个贪字，满口一个嗔字，满心一个痴字。

笔者更加喜欢一个"清爽"的概念——税负管理！这是一个由"风险控制、税负管理、监管应对、战略协同"四个部分构成的体系，终极目标是服务企业发展战略。

"清爽"与"油腻"的根本区别在于其终极目的——"优化税负管理，服务企业战略"，正因正念，雅俗共赏。

是的，优化税负管理是每一个企业的正常追求，但其目的直接决定了操作手段。我们的目的是服务企业发展战略，而不是单纯地为了在某一个环节上省下点钱。这应为一切税负管理方案之起点。

二、纵坐标：企业七大战略环节

1. 人资战略；
2. 研发战略；
3. 采购战略；
4. 营销战略；
5. 财务战略；
6. 资产配置；
7. 控股战略。

以上"七大战略"基本囊括了企业经营中的全部主要环节，由此而引发出来的税务问题则构成了税负管理体系的纵坐标。

三、横坐标：税负管理四大环节

1. 风险控制，解决的是"该交的一分都不能少"；
2. 税负规划，解决的是"可以不交的一分都不能多"；
3. 监管应对，解决的是"让监管部门认可你"；
4. 战略协同，解决的是"与本企业自身情况相匹配"。

当我们在思考上述"七大战略"所引发的税务问题时，一定要综合考虑四大环节的因素，缺一不可。

这样，我们就构建了"一个原点，一条纵轴，一条横轴"的完整企业税负管理体系。我们所有的分析文章都是这个体系上面绽放的花朵。而在对这些瑰丽花朵的观赏中，我们对这样一个体系也有了更加深刻的认知。

是的，当我们凝视上市公司公告背后的税务问题时，我们思考的是如何搭建符合自身特点的税负管理体系，追求的是财税管理的极致专业化。

国家、行业、企业、个人，都是在这种思考、追求中阔步向前的。

目录

当我们凝视上市公司公告背后的税务问题时,我们在观察什么? // 001

第一部分

人资战略 // 001

也谈某演员偷税事件:任何割裂企业税负与私人税负的论调都是耍流氓 // 003

雪梨与税收洼地 // 006

如果不是亲眼所见,我是万万不敢相信——围观上市公司高管薪酬个税"筹划大法" // 009

从甬矽电子招股书分析股权激励的税务处理 // 015

从盘古智能公告再看股权激励 // 019

以员工持股平台增资形式实现股权激励,上市公司是否可以所得税税前扣除管理费用? // 021

股权激励员工持股平台"双响炮"满天飞舞,税务处理何时明确 // 024

多层嵌套大法,给避税穿上"马甲" // 026

减持→转增→迁址→解散并非交易过户,"风骚舞步"背后的"神操作" // 029

I

第二部分 研发战略 // 035

软件公司是枝花，种在哪里哪里发 // 037

一起经典的非货币性资产出资案 // 042

第三部分 采购战略 // 047

三钢闽光被追缴善意取得虚开专用发票复议失败是否冤枉？ // 049

对于关联交易，大家可能有些误解 // 053

围绕上市公司关联交易避税的一场"剧本杀" // 060

向产业链前后端进发，打造"税务+产业"的社会价值高地 // 063

母子公司关联交易转移利润7.37亿元，定价是否合理？如何证明？ // 066

20亿关联交易，不存在转移税负？ // 068

瞒天过海，利润是怎样转移到个人独资企业的 // 071

第四部分 营销战略 // 075

"海天味业"与"加工平台"：高端的食材往往只需要最朴素的烹饪方式 // 077

从中国黄金的公告看上市公司管理税负时的四大注意事项 // 080

增值税"直接免征"还是"直接减免"会计处理大不相同，上市公司多年争议终明确 // 082

三个上市公司公告对比，看看"实质经营"如何掌握 // 084

为了享受税收优惠，上市公司也是拼了 // 087

华策影视的半年报解开了对霍尔果斯优惠政策的5个误解 // 090

医药企业请注意，这是一篇与CSO（服务平台）合作的教科书般的公告 // 093

一个规避佣金5%扣除限额的教科书般的案例 // 101

"直销"情况下发生"推广费"可以直接冲减销售收入吗？ // 103

广告费与佣金，一个是阆苑仙葩，一个是美玉无瑕 // 106

费用核查，醉翁之意不在酒，在乎山水之间 // 109

收到补贴真得意，税务魅影要留心，增值所得加发票，算来一个跑不掉 // 112

上市公司虚增利润被查后，多缴税款能否退还？ // 115

虚增利润230亿元，要交税吗？算虚开吗？算虚开罪吗？ // 117

第五部分　财务战略 // 121

30.61亿元债务重组利得，所得税是如何凭空消失的 // 123

为什么花2.38亿元买一个亏损的壳公司？ // 125

杯子碰到一起，都是梦破碎的声音 // 127

限售股解禁避税的隐秘大法——大宗代持，这是"一盘大棋" // 129

华润材料是如何通过做好税负规划降低内部融资成本的 // 132

北交所开市前夜，看财政部的配套文件如何"绵里藏针" // 136

由法人持股变为个人持股到底卖的什么药？// 139

一个将夫妻关系在股转中用到极致的案例 // 141

从嘉泽新能源的公告看"可转债"的税会差异处理 // 144

第六部分 资产配置 // 149

珠海冠宇17.84亿元的固定资产是怎么实现一次性税前扣除的？// 151

优质资产像积木结构，要想实现降税负调整得分步 // 153

债权、债务及劳动力一并划转不征增值税，资料该如何准备？// 156

同一资产，同一月份，二次划转，能不能适用特殊性税务处理？// 163

割裂事件之间的联系是阴谋家的常用手段 // 165

子公司吸收合并母公司，是一锅"夹生饭"还是一部"动画片" // 169

分立犹如切蛋糕，姿势真的很重要 // 174

冀东水泥内部重组操作妙不可言 // 178

借壳上市：把长颈鹿装进冰箱需要几步？// 181

重组特殊性税务处理，备案程序别忘记 // 184

一个基础设施REITs税务处理的经典样本 // 186

第七部分 控股战略 // 193

上市融资想得好，持股设计要趁早 // 195

上市前股改时以留存收益转增，股东个税处理深陷"三重门" // 197

向法人股东"定向分红"这条小鱼怎样做出三道大菜 // 201

净资产折股时,有限合伙持股平台合伙人可以分5年纳税吗? // 205

一个承债式股权转让教科书般的案例 // 207

投资后发现问题,股权原路退还,股权转让个税如何处理? // 211

自然人股权"平价"转让适用"特殊性税务处理"会不会被补税? // 213

股权代持的纳税与再纳税 // 216

企业税负规划的"必达成三角"与"不可能三角" // 219

一个"拆除境外红筹架构"涉及税务问题的经典案例 // 222

一次境外重组,两个重要文件,三步股权支付,节税12.41亿元! // 225

个人股东代持股还原时,个税问题全靠这条了 // 230

第一部分

人资战略

也谈某演员偷税事件：任何割裂企业税负与私人税负的论调都是耍流氓

某演员"阴阳合同"偷税事件被炒得沸沸扬扬，笔者无意关注事件背后的宏大议题，仅就事件本身涉及的税务专业问题探讨一二。

关于本事件的税务专业方面的观点多集中于对某演员个人所得税问题的论述。笔者试图从另一个视角分析事件背后的税务问题：企业税负与私人税负之间的关系。

笔者认为，企业税负与私人税负是一个有机的整体，是一枚硬币的两个面，相辅相成，不可分割。任何割裂企业税负与私人税负的论调，不是不懂装懂，就是居心不良，总之都属于耍流氓。

第一个环节，支付片酬环节。

上海市税务局第一稽查局有关负责人就该演员偷逃税案件查处情况答记者问：经查，该演员于2019年主演电视剧《倩女幽魂》，与制片人约定片酬为1.6亿元，实际取得1.56亿元，分为两个部分收取。其中，第一部分4,800万元，将个人片酬收入改变为企业收入进行虚假申报、偷逃税款；第二部分1.08亿元，制片人与郑某实际控制公司签订虚假合同，以"增资"的形式支付，规避行业监管获取"天价片酬"，隐瞒收入进行虚假申报、偷逃税款。

站在制片方的角度，他的会计处理应该是（具体处理我们不得而知，仅从理论上分析）：

借：生产成本——演员劳务及酬金　　　　0.48亿元
　　长期股权投资　　　　　　　　　　　1.08亿元
　贷：银行存款　　　　　　　　　　　　1.56亿元（暂不考虑代扣个税）

各位看官，看明白了吗？制片方实际花了1.56亿元，但是体现在制片成本上的仅有0.48亿元，另外1.08亿元只能体现为长期股权投资，而这1.08亿元在企业所得税税前是不能扣除的。

换句话说，该演员因"阴阳合同"而省下来的个人所得税，是以制片方的企业所得税为代价换来的！

笔者经常讲，优秀的税负规划方案，应该满足"必达成三角"要求，即：必须满足合法性要求，必须经得住监管部门检查，必须不能影响交易对手方利益。这么看来，该演员这次"阴阳合同"一个都没有满足，单从税务规划上来讲，实在是不敢恭维。

其实这也是所有"阴阳合同"交易偷税的最大问题，表面上看收款的一方税负低了，但代价是付款的一方无法税前扣除成本，结果是零和博弈。实在不明白为什么有那么多买家还愿意去配合。

第二个环节，计提存货减值准备环节。

根据《ST北文：关于对深圳证券交易所年报问询函回复的公告》详细披露："电视剧《倩女幽魂》为公司原全资子公司世纪伙伴投资制作的电视剧，世纪伙伴于2019年11月将该剧权益陆续转让给公司。该剧于2019年4月开机，同年8月杀青，截至报告期末处于后期制作阶段，尚未制作完成。因受主要演员事件影响，该剧的发行情况存在较大不确定性，因此，公司于报告期内对该剧计提存货跌价准备。截至报告期末，电视剧《倩女幽魂》在公司财务报表中存货账面余额为37,602.11万元，2020年计提存货跌价准备30,081.69万元，期末存货账面净值为7,520.42万元，该事项对公司2020年度净利润影响金额为-25,534.89万元。"

由于1.08亿元并没有计入生产成本，自然也就不能计入存货成本（再次强调，此处仅为理论上推导），那此处计提的存货跌价准备自然也就少了。如果该剧正常播出，制片方肯定能扣除的成本显然少了1.08亿元，自然要多交相应的企业所得税。

第三个环节,演员补税环节。

上海市税务局第一稽查局有关负责人就该演员偷逃税案件查处情况答记者问:"我局依据《中华人民共和国税收征收管理法》第三十二条、第六十三条等规定,以及《中华人民共和国个人所得税法》第二条、第十条、第十一条和《中华人民共和国增值税暂行条例》第一条、第十九条等规定,对××追缴税款、加收滞纳金并处罚款共计2.99亿元。其中,依法追缴税款7,179.03万元,加收滞纳金888.98万元;对改变收入性质偷税部分处以4倍罚款,计3,069.57万元;对收取所谓"增资款"完全隐瞒收入偷税部分处以5倍"顶格"罚款,计1.88亿元。"

既然演员已经补税并接受处罚了,按理说,制片方应该调整账务处理,将计入"长期股权投资"的1.08亿元转入"生产成本",追加存货成本。

根据国家广播电视总局官网2021年8月27日消息:"国家广电总局今天表示,坚决支持税务部门对演员××偷逃税案件的处理决定。北京世纪伙伴文化传媒有限公司和××严重违反电视剧制作成本配置比例要求,在申请电视剧《倩女幽魂》发行许可时隐瞒事实情况、提供虚假材料,依据《广播电视管理条例》《互联网视听节目服务管理规定》《电视剧内容管理规定》等法规规定,国家广电总局决定:不得播出电视剧《倩女幽魂》[发行许可证号(京)剧审字(2020)第018号];各级广播电视播出机构、广播电视视频点播业务开办机构和网络视听节目服务机构不得邀请××参与制作节目,停止播出××已参与制作的节目。"

因为电视剧《倩女幽魂》已经被有关部门强制下架了,所以制片方应该做存货损失处理。下一个问题就是,这部分存货损失能否在企业所得税税前扣除呢?

根据《企业所得税法》第十条:在计算应纳税所得额时,下列支出不得扣除：……（四）罚金、罚款和被没收财物的损失。

看来制片方想在企业所得税税前扣除是无望了。但作为上市公司，账务调整还是必需的。一方连补带罚接近3个亿，另一方成本仍然不得扣除，全是因为一个"阴阳合同"。零和博弈的后果是双输，任何割裂企业税负与私人税负的论调都是耍流氓！

总结一下：

1."阴阳合同"方式实际是标准的偷税行为。

2.这种偷税行为实际上是以付款方税收利益为代价换来的，实质上是零和博弈，毫无意义。

3.企业税负与私人税负是一个完整的整体，双方税负此消彼长，税负规划必须通盘考虑。

4.一旦出现问题，结果往往是一方受处罚，另一方税前仍然不得扣除。双输结局。

5.任何割裂企业税负与私人税负的论调都是耍流氓。

6.优秀的税负规划方案结果应该是双赢甚至是多赢，而不应该是双输。

雪梨与税收洼地

如果不是有关偷税的新闻，笔者还真不知道"雪梨"是哪位仙女，想想还真是与世界脱离得厉害。从目前披露的公开信息看，雪梨的问题主要是：

"通过设立北海宸汐营销策划中心、北海瑞宸营销策划中心、上海豆梓麻营销策划中心、上海皇桑营销策划中心、宜春市宜阳新区豆梓麻营销服务中心、宜春市宜阳新区黄桑营销服务中心等个人独资企业，虚构业务把从有关企业取得的个人工资薪金和劳务报酬所得8,445.61万元，转换为个人独资企业的经营所得，偷逃个人所得税3,036.95万元。"

毫无悬念，又是个人独资企业核定征收惹的祸。其实，利用"税收洼地"核定征收，打政策擦边球，实现低税负公转私，这已经是公开的秘密。何止是雪梨，又何止是直播行业，所有的行为均有类似的问题。让我们看几个不同行业上市公司公告。

2021年11月16日晚间，慧博云通科技股份有限公司在首发上市相关资料中披露：

"2018年6月至2019年9月期间，发行人子公司江苏慧博以咨询顾问采购形式，向寿光锐捷企业管理咨询服务工作室、潍坊市安领企业管理咨询中心、山西转型综改示范区学府园区迈捷企业管理咨询工作室支付了422.53万元咨询服务费，该等费用中，379.17万元最终实际支付给公司的17名员工作为其薪酬的一部分。上述3家个人独资企业均已注销，为发行人报告期内曾经的关联方。

"发行人以咨询费的方式将422.53元支付给3家个人独资企业，个人独资企业又将相关款项通过银行转账的方式最终将款项支付给公司17位员工。截至2019年10月，上述税务筹划安排已不再实施。发薪结余资金43.36万元已于2021年归还至发行人银行账户。在本次申报报表中，2018年至2019年间通过个人独资企业发放的薪酬已在2018年和2019年重分类至职工薪酬，结余资金43.36万元已在2018年和2019年由主营业务成本调至其他应收款。"

通过上述公告我们发现，原来高管偷逃个税也是用的个独核定这招。别着急，其实经营利润也有用这招的，比如下边这家：

"天津戴卡和广州戴得虽然受同一自然人控制，但天津戴卡还有其他外部股东，内部制度较多，流程较为复杂，部分事务处理效率较低，通过贸易企业方便费用支出。"

"报告期，与发行人进行结算的五家贸易企业，是天津戴卡及其股东出于税务筹划及内部经营管理等需要专门设立，仅与发行人开展业务，发行人为相关贸易企业唯一的供应商，天津戴卡为其唯一的客户。个人独资企业在一定贸易规模下所得税可以核定征收，为控制单个企业的交易额度，因此在一个会计年度内存在同时指定多个贸易企业与发行人结算的情况。"

  以上内容出自金钟股份2021年3月23日发布的公告。这里并不涉及给个人支付款项，但依然用的是个独核定征收，公告说得再明白不过了，个人独资企业一定规模下所得税核定征收，选择这么操作的原因就是因为低税负。如果你还不过瘾，再给你看另一个公告。

  锦富技术于2020年12月15日发布公告披露：

  "本次交易的标的资产为久泰精密70%股权，按照100%股权作价80,000万元计算，本次交易拟购买资产的交易价格为56,000万元。其中以发行股份（33,600万元）方式受让宁欣持有的久泰精密42%股权，以支付现金（22,400万元）的方式受让永新嘉辰持有的久泰精密28%股权。"

  在此次收购交易前夕，久泰精密的100%出资自然人宁欣分别于2020年7月23日和8月11日，分两次将标的公司合计28%股权作价共5,320万元转让给实控人宁欣控制的合伙主体——永新嘉辰。公司称，系为了税收筹划的需要，交易对方宁欣与其母亲刘淑贞共同出资在江西省吉安市永新县设立了永新嘉辰（合伙企业，于2020年7月14日成立），作为本次交易收取现金对价主体。

  这次是股权转让，主体也换成了有限合伙，但是目标指向依然非常清晰——税收洼地，核定征收。

  网红收入、高管工资、日常采购、股权转让，其实还有很多方面，矛头共同指向税收洼地核定征收。明眼人早就看穿，核心目的——公转私！

  笔者多次提到，企业税负与私人税负是一枚硬币的二个面，此消彼长，任何一种割裂二者的说法都是耍流氓。近年来，随着税源争夺愈演愈烈，个人所得税里的一些不合理或不明确的点就成了各地打擦边球的突破口。利用个人独资、合伙企业核定征收实现低税负公转私，只要现金在手，什么难题都解决了，这就是问题的根源。

也就是说，税收洼地，核定征收，已经成了一些"富有人群"一边大口吃肉，一边不承担社会责任的"帮凶"。

如今，国家从政策和技术等层面对这种利用税收洼地进行税务筹划的行为进行了深入管理，坚决遏制故意偷逃税款的行为，这种钻漏洞、打擦边球的行为越来越没有操作空间了。老老实实履行应负的社会责任才会正道。

如果不是亲眼所见，我是万万不敢相信——围观上市公司高管薪酬个税"筹划大法"

高管薪酬是企业人资战略的重要环节，由此产生的个人所得税问题不仅关乎高管们的个人利益，更关乎企业的发展战略。笔者近期收集了10个上市公司公告，观后可谓叹为观止，套用一句网络热门语吧："如果不是亲眼所见，我是万万不敢相信哪！"

1. 最传统——怡和嘉业

怡和嘉业于2021年9月17日发布招股书，披露公司2018—2020年部分董事、监事及高级管理人员通过其近亲属（友）代为领取薪酬共计705.8万元。公司于2020年11月已经全部终止了相关人员代领薪酬安排，并且相关人员于2020年12月已经缴纳该期间代领薪酬涉及的个人所得税合计141.90万元。根据《中华人民共和国个人所得税法》《中华人民共和国税收征收管理法》的有关规定，公司及其上述相关董事、监事及高级管理人员存在被税务部门予以行政处罚的风险。截至招股说明书签署日，公司已停止相关人员代领薪酬安排，相关人员已经主动缴纳了报告期内代领薪酬涉及的个人所得税，公司及相关人员未因前述行为受到税务部门的行政处罚。尽管如此，如果税务部门进一步对前述事项进行追责，公司及相关人员可能会被处以行政处罚，将对公司的经营产生不利影响。

点评：亲友代领，也算是老套路了，笔者就想问一句，这还不算偷税吗？

2. 最常见——九州风神

九州风神于2021年8月6日发布公告，披露经核查发行人31名管理人员的265个银行账户，发行人2018年—2019年度，使用财务总监和出纳共3张个人卡（由公司控制）对废料收入、薪酬发放等款项进行结算，其中通过该等个人卡发放工资薪金共258.95万元。公司称，相关人员补缴了通过个人卡领取薪酬涉及的相关个人所得税，该等个人卡均在2019年9月末前注销，相关收入、成本和费用均已反映在公司财务报表中。

点评：由财务个人账户账外收款，账外发放，好不痛快。只是这一方面涉及企业私户收款，账外经营偷税问题，另一方面涉及个人所得偷税问题，一石二鸟啊。

3. 最无语——天振科技

天振科技于2021年6月30日发布招股书申报稿，披露2018年公司高管夏剑英通过其控制的关联公司，以开具咨询费发票报销形式领取公司薪酬合计24万元，发行人对高管以发票形式领取工资，实质为高管降低个人所得税负，对这一事项，发行人已经进行了整改，并补齐了相应事项涉及的企业所得税、个人所得税及增值税等，共计5.62万元。

点评：开咨询费发票套现这种方式，还是那句话，要么不做，要做就规范，干脆把劳动关系解除，彻底变成供应商。只是这种方式对于上市公司高管恐怕无法实现。

4. 最"筹划"——有屋智能

有屋智能于2021年9月22日发布招股书，披露考虑天津市、兰州市永登县、上海市等地注册该类公司享有一定的税收节税空间，通过小微公司领薪可为员工节省个税税负，因此自2018年起，公司员工、前员工或亲属在上述城市相继设立18家小微公司（8家个体户、8家个人独资企业、2家合伙企业）——公司通过向上述小微公司进行采购交易的方式为部分员工发放多份薪酬（对应领薪人员为公司及其分、子公司提供劳务的实质），2018—2020年体外发放薪酬总额共计7,307.11万元、涉及人员共2,061人。

点评：通过个人独资公司核定征收避税，天使恶魔一线之隔，8家个体，8家个独，2家合伙，天津、兰州、上海等地，这筹划，一个字，绝！

5. 最狡猾——美硕科技

美硕科技于2021年10月28日发布招股书，披露2018—2020年6月，发行人通过个人账户代付职工奖金薪酬、员工食堂费用、基建零星费用及佣金、无票费用等累计2,131.68万元，其中发放工资1,113.56万元。至2020年6月已进行整改、停止使用个人卡进行代收代付，停止通过三家公司（拓力、拓盈、盈进）代为支付成本费用。个人卡对外收付款项以及通过三家公司代为支付的成本费用均已纳入财务核算，并且履行了增值税、企业所得税、个人所得税等缴纳义务。

点评：又见账外收款，账外发放。只是这家做得更漂亮，想想这些烂账都体现在账外，自然企业的账会非常漂亮。

6. 最惊悚——菲鹏生物

菲鹏生物于2021年10月27日发布公告，披露2017年至2020年2月期间，员工持股平台百奥科技（有限合伙企业）曾以发行人现金分红代发行人向骨干员工发放薪酬补贴等费用。IPO前夕，发行人已按照权责发生制原则对2017—2020年度财务报表进行了调整，真实且完整地反映了前述代垫费用，并已于申报前向百奥科技归还了全部代垫费用；除已注销子公司济宁领先对应的代扣代缴税额2.93万元（应缴纳未缴纳）以外，发行人、广东菲鹏因体外代付薪酬所产生的个人所得税和滞纳金均已补缴完成，并取得了主管部门出具的完税证明——补缴工资薪金所得个税1,365.32万元，滞纳金491.42万元。

点评：直接套现不方便，向合伙企业股东分红之后，由合伙企业发放，瞒天过海，李代桃僵！

7. 最剥削——盘古智能

盘古智能于2021年10月13日发布公告，披露2018年—2020年（1—4月），2019年通过个人卡对公司部分薪酬较高员工进行了税收筹划，即通过部分薪酬较低员工代领相关薪酬，公司发放工资后上述员工将相关薪酬转入公司个人卡，再由公司通过个人卡支付给薪酬较高员工，2019年发生金额共128.20万元、减免税率10%（个人所得税率从45%减少至35%）测算，筹划方案带来税收减免12.82万元。

点评：这届打工人不容易啊，拿着微薄的工资，还得替人背个高收入的"锅"，税计到自己名下了，钱给了别人。

8. 最无奈——钟恒新材

钟恒新材于2021年3月16日发布公告，披露发行人往期存在通过个人卡收取销售处理膜或废料款项并用于发放员工薪酬或报销无票费用的情形。2017—2020年三季度使用个人卡代付员工薪酬累计1,078.27万元，主要是出于税收的考虑；公司称，使用个人卡收取销售处理膜或废料款项主要是出于收付灵活性的考虑。公司不存在人为通过个人卡事项调节利润的情况，上述个人卡支付的职工薪酬，已于2020年11月、12月自查补缴了对应的个人所得税；同时，公司按照调整后的销售收入正常申报企业所得税。

常州市税务局第三税务分局出具《涉税信息查询结果告知书》："自2017年01月01日至2020年09月30日，该纳税户每月按时申报缴纳税款，所执行税种、税率及享受的税收优惠符合国家税收法律法规及规范性文件的要求，无欠缴税款，或因违反国家税收法律、法规及政策或其他税务问题被处罚的情形。"

常州市税务局第三税务分局出具《税收证明》："经查询，常州钟恒新材料股份有限公司在2020年10月1日至2020年12月31日期间无行政处罚记录。"

点评：税务机关的证明，重点集中在"过往无行政处罚发生"，是对客观事实的表述，并不能证明企业不存在尚未被发现的问题，《税收证明》不是丹书铁券，也不是免死金牌。

9. 最无知——泽宇智能

泽宇智能于2021年3月19日发布公告，披露2016—2018年相关供应商配合实际控制人占用资金2,354.79万元，通过供应商付款后将相关款项用于发放员工薪酬和支付费用1,375.79万元的事项。公司称，配合实际控制人资金占用及发行人体外支付的供应商存在多个供应商名字相近、成立时间相同或相近的情形，相关情形的产生主要是因为相关方为了降低税务成本进行的税收筹划。相关供应商不受实际控制人控制，与发行人及其主要股东、董监高亦不存在关联关系或利益安排。公司披露资金流情况，即相关资金由发行人汇至相关供应商后，由相关供应商或其相关人员汇回实际控制人或公司指定员工，相关资金最终形成实际控制人资金占用或用于体外支付薪酬和费用。

点评：体外成立供应商，之后给上市主体开发票套现，不用想了，这些供应商多数应该是个体工商户或者个人独资企业。说白了不就是虚构业务套现之后现金发工资吗？这种招数竟然堂而皇之地出现在上市公司公告里，对税务局有些不尊重了。

第一，虚开发票，《刑法》第205条自己复习下，2,354万元，够无期徒刑了。

第二，以虚开发票在企业所得税税前扣除，算不算偷税，《刑法》第201条自己复习下，是不是涉嫌逃税罪？

第三，个人所得税代扣了吗？征管法自己复习下，是不是要0.5倍以上3倍以下罚款？

随便一条都够受的了。

可能是太急于向监管部门证明自己的清白了，公告竟然又不厌其烦地把钱汇给了哪个员工，汇了多少钱写得一清二楚。估计看到这个公告的税务局哭笑不得，一桩铁案就这样不打自招。

上市公司围绕高管薪酬避税可谓八仙过海，各显其能。但最终结果无一例外地补缴了税款，法律面前容不得丝毫侥幸。

总结一下：

1.在不改变劳动关系的前提下，所有关于工资薪金所得的所谓筹划，都是在打擦边球。

2.常见的"筹划"方式，不是涉嫌虚开，就是涉嫌偷税。

3.个人税负与企业税负实际上是一个有机整体，此消彼长。

4.工资薪金个税筹划是有代价的，搞不好得不偿失。本来就是应尽的义务，为了那点芝麻丢了西瓜，真的值得吗？

从甬矽电子招股书分析股权激励的税务处理

谈上市公司的税务问题，绕不过股权激励，而股权激励的税务问题主要有以下几个重点：

1. 股权从哪里来？
2. 激励的方式有哪些？
3. 上市公司如何进行会计处理？
4. 上市公司企业所得税上如何扣除？
5. 员工取得股权个税怎么办？
6. 员工处置上市公司股票时个税怎么办？

下面就结合一个上市公司公告分析以上几个问题。

甬矽电子于2021年6月23日发布招股书，披露2019年实控人王顺波及其实际控制的两个员工激励平台［宁波鲸芯企业管理咨询合伙企业（有限合伙）和宁波鲸舜企业管理咨询合伙企业（有限合伙）］以货币资金45,000,000.00元认缴公司新增股本45,000,000.00元。公司员工超过原持股比例增资部分作为股份支付处理，公司股份按公允价值3.4元/股计算，确认股份支付费用61,120,895.45元，其中实控人王顺波、章巍（原总经理）等人无服务期限限制，故一次性确认股份支付费用35,652,711.81元，剩余股份支付费用根据股权激励方案预估的激励对象服务期限分摊确认股份支付金额。

1. 股权从哪里来？

根据中国证券监督管理委员会《上市公司股权激励管理办法》第十二条：拟实行股权激励的上市公司，可以下列方式作为标的股票来源：

（一）向激励对象发行股份；

（二）回购本公司股份；

（三）法律、行政法规允许的其他方式。

很明显，甬矽电子本次股权激励的股权来源于向激励对象发行股份。

2.激励的方式有哪些？

常见的方式包括限制性股票、股票期权、股权增值权等，甬矽电子于上市之前授予员工，采用的是股票期权方式。

3.上市公司如何进行会计处理？

根据《企业会计准则第11号——股份支付》第六条：完成等待期内的服务或达到规定业绩条件才可行权的换取职工服务的以权益结算的股份支付，在等待期内的每个资产负债表日，应当以对可行权权益工具数量的最佳估计为基础，按照权益工具授予日的公允价值，将当期取得的服务计入相关成本或费用和资本公积。

所以，甬矽电子在等待期内的会计处理如下：

借：银行存款　　　　　　　　　　　　　45,000,000
　贷：股本　　　　　　　　　　　　　　45,000,000
借：管理费用　　　　　　　　　　　　　61,120,895.45
　贷：资本公积　　　　　　　　　　　　61,120,895.45

4.上市公司企业所得税上如何扣除？

由上述会计处理，则引申出下一个问题，计入管理费用的61,120,895.45元，是否允许在企业所得税税前扣除？如果允许扣除，应该在哪个时点扣除？

根据《国家税务总局关于我国居民企业实行股权激励计划有关企业所得税处理问题的公告》（国家税务总局公告2012年第18号）：

上市公司依照《管理办法》[《上市公司股权激励管理办法（试行）》的简称]要求建立职工股权激励计划，并按我国企业会计准则的有关规定，在股权激励计划授予激励对象时，按照该股票的公允价格及数量，计算确定作为上市公司相关年度的成本或费用，作为换取激励对象提供服务的对价。上述企业建立的职工股权激励计划，其企业所得税的处理，按以下规定执行：

（一）对股权激励计划实行后立即可以行权的，上市公司可以根据实际行权时该股票的公允价格与激励对象实际行权支付价格的差额和数量，计算确定作为当年上市公司工资薪金支出，依照税法规定进行税前扣除。

（二）对股权激励计划实行后，需待一定服务年限或者达到规定业绩条件（以下简称等待期）方可行权的。上市公司等待期内会计上计算确认的相关成本费用，不得在对应年度计算缴纳企业所得税时扣除。在股权激励计划可行权后，上市公司方可根据该股票实际行权时的公允价格与当年激励对象实际行权支付价格的差额及数量，计算确定作为当年上市公司工资薪金支出，依照税法规定进行税前扣除。

（三）本条所指股票实际行权时的公允价格，以实际行权日该股票的收盘价格确定。

公告明确：其中实控人王顺波、章巍（原总经理）等人无服务期限限制，故一次性确认股份支付费用35,652,711.81元，剩余股份支付费用根据股权激励方案预估的激励对象服务期限分摊确认股份支付金额。也就是说一次性确认费用的35,652,711.81元，在行权当期即允许在企业所得税税前扣除，其余部分要待实际行权时再行扣除。这也符合企业所得税的实际发生原则。

5.员工取得股权个税怎么办？

如果股票期权是直接授予个人的，问题就来了，根据《财政部 国家税务总局关于个人股票期权所得征收个人所得税问题的通知》（财税〔2005〕035号）：

（一）员工接受实施股票期权计划企业授予的股票期权时，除另有规定外，一般不作为应税所得征税。

（二）员工行权时，其从企业取得股票的实际购买价（施权价）低于购买日公平市场价（指该股票当日的收盘价，下同）的差额，是因员工在企业的表现和业绩情况而取得的与任职、受雇有关的所得，应按"工资、薪金所得"适用的规定计算缴纳个人所得税。

对因特殊情况，员工在行权日之前将股票期权转让的，以股票期权的转让净收入，作为工资薪金所得征收个人所得税。

员工行权日所在期间的工资薪金所得，应按下列公式计算工资薪金应纳税所得额：

股票期权形式的工资薪金应纳税所得额＝（行权股票的每股市场价－员工取得该股票期权支付的每股施权价）×股票数量

第一个问题：由于股权激励数额较大，按"工资、薪金所得"缴纳个人所得税，税负太高。

第二个问题：行权日员工只是取得了股票，并未实际对外转让，也没有拿到实际收入，此时就产生纳税义务，员工没钱交啊。

那么这两个问题如何解决呢？我们看甬矽电子的公告：

"2019年实控人王顺波及其实际控制的两个员工激励平台［宁波鲸芯企业管理咨询合伙企业（有限合伙）和宁波鲸舜企业管理咨询合伙企业（有限合伙）］以货币资金45,000,000.00元认缴公司新增股本45,000,000.00元"

这就明白了，原来人家根本就不是用员工个人接受激励，而是由员工设立了有限合伙持股平台，而有限合伙企业接受激励，就不在个人所得税征税范围了。

一波未平，一波又起，虽然员工个税不用交了，但企业的管理费用还允许在企业所得税税前扣除吗？

如果允许扣除，扣除的数额是以会计计提数为准还是以员工交个税基数为准呢？

如果员工已受激励，但中途离职了，怎么办呢？

这些问题我们会在后续文章中讨论。

6.员工处置上市公司股票时个税怎么办？

这个问题看来甬矽电子已经考虑到了，员工持股平台的名字已经告诉我们一切：宁波鲸芯企业管理咨询合伙企业（有限合伙）；宁波鲸舜企业管理咨询合伙企业（有限合伙）。

合伙企业在某些地方可以享受一定的税收优惠政策，因此成为一些人进行税收筹划的工具。

从盘古智能公告再看股权激励

下面我们接着看股权激励时另外一种股权来源方式——大股东让渡。

盘古智能于2021年10月13日发布公告，披露发行人前身盘古有限为激励核心技术人员、同时安排家族成员邵胜利以及外部投资人持股，2018年5月，实际控制人邵安仓、李玉兰将其所持盘古有限20%股权以平价转让给李昌健、齐宝春、邵胜利、成谦骞四名自然人，其中李昌健、齐宝春为核心技术人员，公司认为构成股份支付。两人平价受让对价为336.00万元、两人合计持股16.00%，按照公司当时100%股权的估值16,581.82万元计算，该等股份的公允价值为2,653.09万元，故发行人依照差额确认股份支付费用2,317.09万元。

大股东以直接让渡方式授予激励对象激励标的股票，这种模式并不是以股权激励实施主体本身的股份换取员工的服务，而是大股东将其持股的实施主体的权益让渡给了员工，换取员工对实施主体的服务，对实施主体来说总的股本份额并没有变化，只是股东发生变化而已。那么，以下几个问题就出现了：

1. 上市公司是否可以采用这种方法？
2. 明明是两个自然人之间的股权转让，上市公司为什么要记管理费用？
3. 大股东平价转让股权，明显低于股权对应净资产公允价值，是否需要按公允价值缴纳个人所得税？
4. 受让高管是否需要缴纳个人所得税？
5. 如果受让高管需要缴纳个人所得税，那是否允许享受递延纳税优惠政策？
6. 盘古智能作为激励主体，其确认的管理费用是否允许在企业所得税税前扣除？

其实，关于以上这些问题，中国证监会上市公司监管部发布的《股权激励有关事项备忘录2号》一语道破："股东不得直接向激励对象赠予（或转让）股份。股东拟提供股份的，应当先将股份赠予（或转让）上市公司，并视为上市公司以零价格（或特定价格）向这部分股东定向回购股份"。

这样，问题1就有了明确答案，监管层对于这个问题采用了分步处理的方式，即先转让给上市公司然后上市公司再向激励对象来支付。如果是这样，那么其会计处理就非常明晰了。

（1）借：库存股　　　　　　　　　336万元
　　　贷：银行存款　　　　　　　　336万元
（2）借：银行存款　　　　　　　　336万元
　　　贷：库存股　　　　　　　　　336万元
（3）借：管理费用　　　　　　　2,317.09万元
　　　贷：资本公积　　　　　　　2,317.09万元

以上（1）（2）两步纯粹是笔者为了让大家有更直观的感受而写的，实务中可以没有。实际上，这就回答了问题2：明明是两个自然人之间的股权转让，上市公司为什么要记管理费用？因为大股东把本来很值钱的股权平价卖给了上市公司，上市公司再把其平价转给了员工，很显然大股东是吃亏的，这个亏一定要在公司身上找回来。所以，员工少花的那部分钱，是公司以资本公积形式承担的，公司欠了大股东们一个"人情"，这个"人情"全都在"资本公积"科目里记着呐。

问题3 "大股东平价转让股权，明显低于股权对应净资产公允价值，是否需要按公允价值缴纳个人所得税？"就比较棘手了，目前有两种主流观点：

第一种，自然人转让非上市公司的股权适用于《股权转让所得个人所得税管理办法（试行）》中关于收入和原值等确认的相关规定，那么对于存在低价转让的情况，若是价格偏低有确凿的证据，则应该适用政策中的核定条款。所以应该按公允价值计算转让方个人所得税。

持这种观点的企业比较多，所以我们经常能看到上市公司公告里，大股东就以上情况出具将按规定缴纳税款的承诺函。

第二种，根据《股权转让所得个人所得税管理办法（试行）》第十三条：符合下列条件之一的股权转让收入明显偏低，视为有正当理由：……（四）股权转让双方能够提供有效证据证明其合理性的其他合理情形。

持这种观点的人认为：我这就是在公司内部作股权激励，并不是真正的交易行为，完全可以证明低价转让合理性。

说完大股东，转过头来说说被激励的高管们，咱们看看问题4，这个就很清楚了：既然是来源于企业的，又是直接授予个人，高管们当然要按"工资、薪金所得"缴纳个人所得税啦。

那么，如果这些高管能符合《财政部 国家税务总局关于完善股权激励和技术入股有关所得税政策的通知》（财税〔2016〕101号）中的相关条件，能不能享受递延纳税优惠呢？这就是问题5，笔者的观点很坚定：能！

但这样一来，就直接触发了问题6：盘古智能作为激励主体，其确认的管理费用是否允许在企业所得税税前扣除？我们目前的税法体系对这个问题依然是没有明确的解答。但是原理是明摆着的，笔者一直强调，企业税负与个人税负是一枚硬币的两个面，是此消彼长的关系，任何一种割裂二者的说法都是要流氓。按照这个原理，如果被激励人按"工资、薪金所得"交了个人所得税，那么激励企业肯定允许在企业所得税税前扣除。如果被激励人享受了递延纳税优惠，那就意味着其暂时未缴纳个人所得税，即便是将来变现时交了个税，那也是按照"财产转让所得"交的，跟企业这边扣除的管理费用没有关系了。所以不应该允许扣除。

说一千道一万，要么交个税，要么交企业所得税。

以员工持股平台增资形式实现股权激励，上市公司是否可以所得税税前扣除管理费用？

三爱富于2020年4月25日发布公告披露了其收购子公司奥威亚的操作过程。其中关于奥威亚被收购前的股权激励问题引起了笔者的浓厚兴趣，具体归纳如下：

1.奥威亚原是非上市公司，现在有机会被上市公司收购，原股东放弃奥威亚股权，换来了等值的上市公司股票，等于是变相上市。老板在大喜之余不忘员工，提前准备了对员工的股权激励。

2. 由于奥威亚直接以本企业股权对员工激励，员工要按"工资、薪金所得"缴纳个税，个税过高。所以采用了较为常见的方法，由员工成立有限合伙持股平台——广州叡科合伙企业。2016年2月，广州叡科投资有限合伙企业以增资方式实施股权激励计划，其公允价值超过股权激励对象投资金额的差额部分40,426万元，根据《企业会计准则第11号——股份支付》，在管理费用中列支。

借：管理费用　　　　　　　　　　　　　　40,426万元

贷：资本公积　　　　　　　　　　　　　　40,426万元

3. 由于未来奥威亚所有股东要用所持有的奥威亚股权置换上市公司股权，所以会涉及员工们按生产经营所得缴纳个人所得税。由于员工是以有限合伙平台持股，所以个人所得税要按照生产经营所得，按5%~35%缴纳。算来算去，怎么都是35%，还是觉得高。

4. 为了能规避这部分个人所得税，把广州叡科合伙企业持有的股权平价转让给了樟树市睿科投资管理中心（有限合伙）。这样未来换上市公司股票的主体就变成了睿科投资，睿科投资则注册在江西。我们推测睿科投资或有地方优惠政策。

一幕用合伙企业实现员工财务自由，叠加有效避税的大戏完美收官，税筹大师们也可以回家数钱了。但是，节外生枝的一幕却让人大跌眼镜！

公告披露："2017年12月，重大资产重组完成，奥威亚原股东向上市公司出售相关股权，激励对象实时行权。依据国家税务总局公告2012年第18号，公司进行企业所得税税前列支，并进行相应所得税会计处理。奥威亚企业所得税税率10%，因股份支付产生的所得税影响额为4,043万元。"

换句话说，奥威亚认为，既然我会计上计提了股权激励产生的"管理费用"，而且《国家税务总局关于我国居民企业实行股权激励计划有关企业所得税处理问题的公告》（国家税务总局公告2012年第18号）也规定："对股权激励计划实行后，需待一定服务年限或者达到规定业绩条件（以下简称等待期）方可行权的。上市公司等待期内会计上计算确认的相关成本费用，不得在对

应年度计算缴纳企业所得税时扣除。在股权激励计划可行权后，上市公司方可根据该股票实际行权时的公允价格与当年激励对象实际行权支付价格的差额及数量，计算确定作为当年上市公司工资薪金支出，依照税法规定进行税前扣除"，现在我员工持股平台也实际行权了，行权时我也按照股权转让缴纳个人所得税了，那税务局是不是应该履行承诺，让我在会计上计提"管理费用"并在行权当年（2017年度）税前扣除呢？如果让我扣，我掐指一算，之前多缴了一共1,667万元税款，是不是得退给我啊？

于是，2019年5月，奥威亚向税务局提出申请，要求退回2017年预缴的1,667万元所得税税款。

好，现在的问题是：如果你是税务局，你同不同意退税？换句话说，奥威亚提取的"管理费用"是否允许在行权当年度企业所得税税前扣除？

假设奥威亚不是以股权为激励内容，而是直接给员工个人钱，那么员工肯定要按"工资、薪金所得"缴纳个人所得税。这种情况下，奥威亚支付的现金记入"管理费用"，真金白钱的支出当然允许在企业所得税税前扣除。

现在把现金激励改为奥威亚自己的股权激励，原理应该是一样的，如果员工在行权时按"工资、薪金所得"缴纳个人所得税，那么就应该允许奥威亚在企业所得税税前扣除。

18号公告规定的原意也是这样，因为不论哪种方式，都属于奥威亚向员工让渡了利益。一方交税，一方扣除，天经地义。

问题就在于本案例的实际情况是员工行权时奥威亚并没有让渡任何利益，而是通过两步实现：

第一步，由员工持股平台先向奥威亚增资。

第二步，上市公司三爱富的大股东用自己的股权交换了员工持股平台持有的奥威亚的股权。这其实是两家公司股东之间在买卖股权。

你奥威亚实际上并没有付出任何代价，我为什么让你税前扣除呢？

果然，公告继续披露："2019年5月，奥威亚申请退回2017年预缴的1,667万元所得税税款，收到税务局的税务事项通知书，认为公司提交的申请不符合要求，不予审批退税。"

最后，总结一下：

1.权益支付的股权激励，如果直接支付给员工个人，相当于激励主体对员工个人的利益让渡，员工个人按"工资、薪金所得"缴纳个税。同时，激励主体确认管理费用在企业所得税税前扣除。

2.如果员工个人不想交个人所得税，转而采用有限合伙持股平台增资方式进入，则激励企业并没有对员工个人进行利益让渡。实际上是激励企业股东对持股平台进行利益让渡，这就跟激励企业本身没有关系了。所以不能允许激励企业进行税前扣除。

股权激励员工持股平台"双响炮"满天飞舞，税务处理何时明确

让我们先来看一个关于股权激励员工持股平台的公告：

大汉科技于2020年12月15日发布公告披露：2019年末通过合伙制员工持股平台共创商务（直接持有公司2.91%的股份）实行股权激励计划，即由公司实控人、共创商务GP康某某向激励对象（部分董事、高管、骨干）转让其持有的共创商务部分出资份额，激励对象通过持有共创商务的出资份额间接持有发行人的股票。具体方案为，康某某将其持有的共创商务68.79%的出资份额分别转让给12名激励对象，合计对应共创商务出资额742.92万元。

公司称，激励对象已根据财税〔2016〕101号向主管税务机关进行了非上市公司股权激励个人所得税递延纳税备案登记，即取得股权激励时暂不纳税，递延至转让该股权时纳税，符合相关规定，不存在相关税务风险。

无独有偶，我们再来看一个：

易来智能于2021年4月26日发布公告披露：公司通过实控人向两家员工持股平台（青岛意来和青岛亿家）转让股权方式进行股权激励，激励对象通过

该等平台间接持股，相关个人将按财税〔2016〕101号办理递延纳税备案。

三人成虎，我们再看一个：

百诚医药于2021年11月26日发布公告，披露2018年8月，实控人控制的两家合伙制员工持股平台百君投资、福钰投资增资发行人，遂于2019年4月，公司通过该员工持股平台分别授予员工55万股、35万股股份，入股价格为3.45元/股，约定股权激励对象的服务期限为4年，本次股权的公允价值为20.25元/股，并将股权激励入股价格与公允价值之间的差额1,512.00万元按照服务期限分摊至各期。公司称，2019年4月实施股权激励事项已根据财税〔2016〕101号向主管税务机关申请办理了递延纳税备案。

三个公告都提到了一个文件——《关于完善股权激励和技术入股有关所得税政策的通知》（财税〔2016〕101号），那么这个文件到底说了什么呢？

非上市公司授予本公司员工的股票期权、股权期权、限制性股票和股权奖励，符合规定条件的，经向主管税务机关备案，可实行递延纳税政策，即员工在取得股权激励时可暂不纳税，递延至转让该股权时纳税；股权转让时，按照股权转让收入减除股权取得成本以及合理税费后的差额，适用"财产转让所得"项目，按照20%的税率计算缴纳个人所得税。

原来是非上市公司对本公司员工进行股权激励的相关规定。

等等，总感觉哪里不对！是的，财税〔2016〕101号文件里说的是"非上市公司授予本公司员工"，可无论是大汉科技、易来智能，还是百诚医药，他们股权激励都不是直接授予"本公司员工"，而是直接授予"员工持股平台"。

那么问题来了，如果是授予员工持股平台，员工是否需要缴纳个人所得税？如果要缴纳，是否能适用财税〔2016〕101号文件递延纳税呢？

问题不仅来了，还是个"双响炮"。

其实，这个双响炮是有一条引线的，那就是上市主体的股份支付额是否允许在企业所得税税前扣除。关于这个问题，经典理论认为，无论是给员工现金，还是给员工股权，实际上都是为了换取员工的服务，因此，两种方式应该适用同样的所得税政策：既然你给员工现金时允许在企业所得税税前扣除，那你给员工股权也应该允许在企业所得税税前扣除。

不过，这里有一个纠结的地方，就是员工本人要按照"工资、薪金所得"缴纳所得税。笔者经常说，企业税负与私人税负是一枚硬币的两个面，任何企图割裂二者的言论都是耍流氓。个人按工资薪金缴纳个税，企业按工资薪金税前扣除，没毛病。纠结就纠结在上面这三家公司并没有直接把股权授予员工个人，而是授予了员工成立的有限合伙持股平台。

为什么这样做呢？还不是为了解禁时少交点个税。但是这种通过持股平台间接授予员工的股权激励，员工是否要按"工资、薪金所得"缴纳个人所得税呢？笔者不敢确定，因为政策并不明晰。但笔者知道一个基本原则，个税跟企业所得税处理原则必须协调，你要是这种情况下让个人按工资薪金交个税，就应该允许上市公司企业所得税税前扣除；如果说这种情况下员工不交个税，那就不应该让上市公司企业所得税税前扣除。

退一步说，通过有限合伙制持股平台间接授予员工股权，即便选择了按工资薪金缴纳个人所得税，那它能不能符合财税〔2016〕101号文件规定递延纳税呢？如果能，那递延纳税期间，员工个人没有缴纳个税，是否允许上市公司在企业所得税税前扣除呢？递延到期后，即便员工交税了，也是按"财产转让所得"交税，那又是否允许上市公司税前扣除呢？

这些问题，笔者认为，只要牢牢掌握住前面的基本原则，就可一一破解。

多层嵌套大法，给避税穿上"马甲"

马甲估计一辈子也想不到，自2000年春晚被本山大叔赋予喜感以后，它的主要职能从服装变成了搞笑。

更让人想不到的是，上市公司们早已修炼出一种名为“嵌套大法”的神功，竟然给避税也穿上了一层“马甲”。

英集芯于2021年10月21日发布公告披露：发行人实控人黄洪伟直接持有公司1.21%股份，并通过珠海英集、珠海英芯、成都英集芯企管三家员工持股平台（执行事务合伙人、普通合伙人均为黄洪伟）间接控制发行人33.28%股份，合计控制公司34.49%的股权。2018年7月，基于税收筹划等考虑，在珠海英集、珠海英芯上层分别设立员工持股平台宁波皓昂、宁波才烁作为有限合伙人；宁波皓昂、宁波才烁层面的普通合伙人一直为实控人配偶廖熠，直至2021年1月将其所持有的份额转让给英芯有道（为实控人新设的一人有限公司）。

公司称，珠海英集、珠海英芯自设立以来的普通合伙人、执行事务合伙人均为黄洪伟且未发生变更；宁波皓昂、宁波才烁执行事务合伙人、普通合伙人职权行使的意思表示主体始终为黄洪伟，合伙企业的实际控制权亦始终由黄洪伟掌握，双层合伙架构系基于税收筹划等考虑、不存在控制关系变更的情形。

让我们用图示表现一下英集芯的股权架构，会看得更清晰：

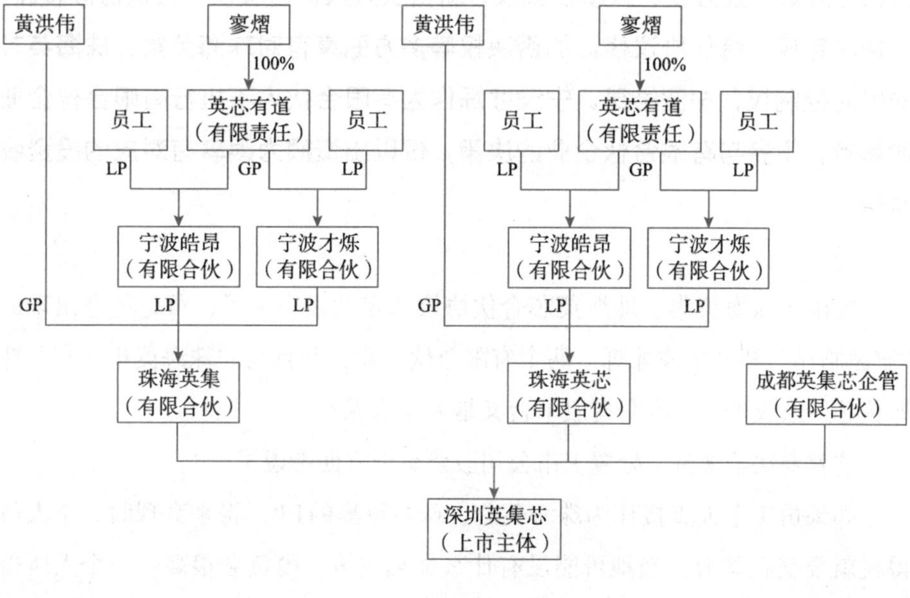

上市公司对员工进行股权激励，成立"珠海英集"和"珠海英芯"两个有限合伙企业作为员工持股平台可以理解。大股东要把股权给员工，但他最想给的是收益权，而不是控制权，所以，员工持股平台多选为有限合伙企业，员工们仅仅是LP（有限合伙人）而已，大股东才是GP（普通合伙人），拥有全部控制权。但是，有多大权力就有多大责任，大股东很少会以个人身份担任GP，本例中是成立有限责任公司英芯有道作为GP，从而完美实现有限责任下的无限控制。正如公告所说：

根据发行人的工商档案、公司章程，珠海英集直接持有发行人104,535,837股股份，珠海英芯直接持有发行人14,341,554股股份，合计占发行人总股本的31.45%。珠海英集、珠海英芯的普通合伙人、执行事务合伙人均系黄洪伟，且自设立以来未发生变更的情形，宁波皓昂、宁波才烁仅分别系珠海英集、珠海英芯的有限合伙人。

根据珠海英集、珠海英芯合伙协议的相关约定，珠海英集、珠海英芯的执行事务合伙人由普通合伙人担任，且未经普通合伙人同意不得变更。普通合伙人黄洪伟从合伙企业事务对外执行权、对内经营、管理、决策权、合伙企业财产处分权、人事任免权、新合伙人入伙否决权、合伙份额转让、质押决定权、合伙协议修订的否决权等多方面享有对珠海英集、珠海英芯的绝对控制权，宁波皓昂、宁波才烁作为有限合伙人不执行有限合伙企业的事务，不参与有限合伙企业的决策，仅以出资额为限享有对应的投资收益权。

按说有珠海英集、珠海英芯合伙协议约定就很完美了，可是凭空出现的"宁波皓昂"和"宁波才烁"两个有限合伙企业，并且与"珠海英集"和"珠海英芯"形成了二层嵌套持股平台又是为什么呢？

这就要从未来员工处置上市公司股票套现方面考虑了。

如果员工个人直接作为珠海英芯、珠海英集的LP，将来套现时，个人所得税就要交在珠海，当地可能没有什么优惠政策，税负会很高。而个人所得税交在宁波，就有很多优惠了。

那么，珠海英芯、珠海英集当初为什么不直接注册在宁波，而要注册在珠海呢？这其中有更深刻的考量。

一来，员工激励股权未来解禁可能要在几年以后，到时候宁波的政策如何很难预料，万一没有优惠了，持股平台会涉及迁址。迁址可能带来一些对大家不利的影响。如果设计成现在这样双层嵌套形式，即便要迁址，只要把两个宁波的有限合伙企业迁址就好，直接持有上市公司股权的两个珠海有限合伙企业是不用动的。这将极大有利于保证上市公司安全。

二来，即便不涉及迁址，宁波合伙企业直接持有上市公司股权，将来解禁时也会引起税务机关的注意。中国人自古就有"瓜田不纳履，李下不正冠"的美德，搞个员工持股平台，直接放在宁波这种税收大洼地，明眼人一看明白了。如果设计成这样双层嵌套的形式，将来套现时珠海合伙企业负责卖股票，明里风平浪静，暗里纳税地被悄然转到宁波，好一个明修栈道，暗度陈仓！

三来，如果中途有被激励的高管意志不坚定，想提前套现，或是确有资金需求，上市公司股票是不能随便卖的，但可以直接把宁波两家合伙企业持有的珠海合伙企业的合伙份额卖掉，既能满足资金需求，又不会影响到上市公司，更能享受宁波的个税优惠，岂不快哉？

减持→转增→迁址→解散并非交易过户，"风骚舞步"背后的"神操作"

上市公司股东限售股解禁税负问题一直是令股东们非常头痛的问题，璞泰来2021年6月18日发布的公告，披露了其员工持股平台南阳阔能在半年内完成了"减持—转增—迁址—解散—非交易过户"的"神操作"。剧情反转之激烈，操作手法之灵活，令人拍案叫绝。

让我们先来看看整个案例的操作过程：

时间	员工持股平台减持—完成迁址—解散并非交易过户股票至合伙人
2021年2月10日	根据公司在指定媒体发布的减持计划，员工持股平台南阳阔能（合伙企业）通过集中竞价方式减持2,743,400股；减持于2021年4月8日—21日完成
2021年4月	公司实施资本公积金每10股转增4股，转增完成后，梁丰先生直接持有公司股份数量增加52,365,604股；南阳阔能持有公司股份增加19,684,684股；福建胜跃持有公司股份增加22,685,845股，但因公司总股本同比例增加故其权益比例保持不变；南阳阔能新增股本1,968.47万股
2021年4月29日	员工持股平台南阳阔能完成迁址，由贵州省贵阳市迁址河南南阳，原名贵州阔能企业管理合伙企业（有限合伙），迁址后更名为南阳阔能企业管理合伙企业（有限合伙）
2021年6月17日	经南阳阔能全体合伙人一致同意南阳阔能解散清算，其持有的公司股份将按照各位合伙人出资比例通过中国证券登记结算有限责任公司上海分公司非交易过户至各合伙人账户。该非交易过户手续完成后，南阳阔能将不再持有公司股份，截至解散前，南阳阔能持有公司股份68,896,395股，占公司总股本694,439,710股的9.92%

不到半年之内，南阳阔能先后进行了4步操作，即"减持—转增—迁址—解散并非交易过户"，眼花缭乱的操作背后玩的是哪个套路呢？待笔者为你一一道来。

信息披露义务人持有上市公司股份情况：2020年12月8日公司披露了简式权益变动报告书，因公司实施2018年限制性股票激励计划、可转债转股及非公开发行股票等股本增加事项导致梁丰先生、福建胜跃、南阳阔能持有公司A股股份比例被动减少至48.89%。本次权益变动的事项前，截至2020年12月4日，梁丰先生直接持有公司A股股份130,914,010股，占当时公司总股本的26.72%；邵晓梅女士不直接持有公司股份；福建胜跃直接持有公司A股股份56,714,612股，占当时公司总股本的11.57%；南阳阔能直接持有公司A股股份51,955,111股，占当时公司总股本的10.60%。梁丰先生、福建胜跃和南阳阔能合计持有公司的股份比例为48.89%。

根据2021年2月10日公司在指定媒体发布的减持计划，"阔能"通过集中竞价方式减持2,743,400股；需要注意的是，此次解禁的是"限售股"，在此次减持中,"阔能"作为有限合伙制员工持股平台,需要缴纳增值税。此外,所有员工都需要按"生产、经营所得"缴纳个人所得税。

此时这个"阔能"的注册地址就十分重要,如果它能在一个有"核定征收"或"财政奖励"的"洼地",那就再理想不过了。

根据公告披露,此时的"阔能"就注册在贵州,它原来叫"贵州阔能"。这一环节里,"贵州阔能"到底享受了什么地方优惠我们不得而知,但可能存在两件事:

第一,它享受到了政策优惠,否则它不会在这里进行解禁减持;

第二,这个优惠政策在未来它不想要了,要么是地方政府给不了,要么是嫌政策力度不够。

于是,在上市主体实施转增后,"贵州阔能"迁址到了河南南阳,摇身一变成了"南阳阔能"。

说到这里,好戏才刚刚开始。

话说2021年4月,公司实施资本公积金每10股转增4股,转增完成后,南阳阔能持有公司股份增加19,684,684股。这些新增的股票可是在禁售期后配送的,属于名副其实的"流通股"。

换句话说,此时"南阳阔能"面对的主要矛盾已经变了,未来,它需要减持的不再是单纯的"限售股",而是"部分限售股+部分流通股"啦。

各位看官,你明白了吗?如果继续用"南阳阔能"持有股票,那么将来卖的时候还得来个"生产、经营所得"个税,就算是能核定征收,也要3.5%的税负。更何况未来解禁那天还能不能"核定征收"犹未可知。而如果能让自然人去持有这些"流通股"的话,未来解禁时可是"免征个人所得税"的。

那么问题来了,如何将"南阳阔能"手中持有的这些"限售股"和"流通股"变成自然人持有的"流通股"呢?

传统的方式就是——洗股!

如何洗呢?简单得很,就是让"南阳阔能"在二级市场上直接把这些股票全部卖给自然人,由于交易过了一手,所以后配送的这些"流通股"还是"流通股",上次交易剩下的那些"限售股"也摇身一变成了"流通股"。将来无论自然人何时对外转让，都是自然人转让"流通股"，不但免征增值税，而且免征个人所得税。

但是这样做有几个问题：

1. "南阳阔能"在转让股票时，要按"转让金融商品"交增值税。

2. "南阳阔能"在转让股票时，自然人股东要按"生产、经营所得"交个人所得税。

3. 接盘的自然人股东需要准备亿元级别的现金用于交易。

要想解决这几个问题，难比登天。

最后，想出的主意是解散南阳阔能，股票非交易过户！

《财政部 国家税务总局关于全面推开营业税改征增值税试点的通知》（财税〔2016〕36号）公布的《营业税改征增值税试点实施办法》第十条规定"销售服务、无形资产或者不动产，是指有偿提供服务、有偿转让无形资产或者不动产"，第十一条规定"有偿，是指取得货币、货物或者其他经济利益"。

非交易过户，没有取得货币、货物或者其他经济利益，就没有增值税，更谈不上现金交易。两大难题，就这么破了！

只剩下最后一个问题。

《关于个人独资企业和合伙企业投资者征收个人所得税的规定》第十六条：

企业进行清算时，投资者应当在注销工商登记之前，向主管税务机关结清有关税务事宜。企业的清算所得应当视为年度生产经营所得，由投资者依法缴纳个人所得税。

注册地由贵州改成南阳，为的就是这一步，没错——核定征收！

让我们再梳理一下，减持→转增→迁址→解散并非交易过户，"风骚舞步"背后的"神操作"：

第一步，由"贵州阔能"直接解禁部分限售股，享受地方优惠，但力度可能不理想；

第二步，剩下一部分限售股和新转增的流通股必须转到个人手上，实现"洗股"；

第三步，为了解决亿元级别的现金缺口及股票转让涉及的增值税，采用"合伙企业解散+非交易过户"模式，实现将"限售股"洗到个人手上变为"流通股"的目的，为将来全面解禁套现作准备；

第四步，为了解决合伙企业解散时的个人所得税问题，提前将"贵州阔能"迁址到南阳，改名"南阳阔能"实现核定征收目的。

第二部分

研发战略

软件公司是枝花，种在哪里哪里发

请注意，一大波公告正在来的路上。

第一个：

亿玛在线于2021年5月27日更正后2019年年报披露两天津子公司天津亿玛和亿玛创新（天津）事项：

（1）亿玛创新（天津）于2017年12月4日获得国家《高新技术企业证书》，2017年至2019年享受减按15%税率征收企业所得税的税收优惠政策。

（2）天津亿玛于2014年12月29日取得天津市工业和信息化委员会颁发的软件企业认定证书，自2015年1月1日至2019年12月31日享受"两免三减半"的税收优惠政策，2017年至2019年减半征收企业所得税。

（3）天津亿玛和亿玛创新（天津）于2013年1月20日与天津滨海高新技术产业开发区管理委员会（下称开发区管委会）签订了《天津亿玛科技有限公司及亿玛创新网络（天津）有限公司落户天津滨海高新技术产业开发区框架协议》，三方于2017年6月签订上述协议的《补充协议》及《备忘录》，约定2018—2021年期间，每年开发区管委会对天津亿玛和亿玛创新（天津）缴纳的企业所得税、增值税进行核算，给予一定的研发补贴。

第二个：

税友股份于2021年6月8日发布招股意向书披露：2016至2019年三季度报告期，累计享受增值税及所得税税收优惠7,623.55万元，约占累计利润总额11.77%。经律师核查，认为报告期内发行人及其下属单位享受的税收优惠政策合规。未来，若国家及地方政府主管机关对国家规划布局内重点软件企业所得税、软件企业所得税、高新技术企业所得税、软件产品增值税的优惠政策作出对发行人不利的调整，将对发行人未来的经营业绩产生一定影响。

第三个：

科斯伍德于2019年7月24日发布公告，披露拟以发行股份、可转换债券及支付现金三种方式以8.13亿元对价收购教育培训标的龙门教育，享受税收优惠政策。

（1）母公司陕西龙门教育股份有限公司（简称"龙门教育"）享受西部大开发的税收优惠政策。龙门教育主营业务含网络远程教育服务及网络视听节目技术服务、开发项目，符合《产业结构调整指导目录（2011年本）》中鼓励类第三十六项（教育、文化、卫生、体育服务业）第4条"远程教育"及第12条"网络视听节目技术服务、开发"，第三十二项"商务服务业"第8条中的"培训"项目，因此享受15%所得税优惠政策。

（2）软件开发全资子公司深圳跃龙门享受新办软件企业税收优惠及高新技术企业税收优惠。根据《中华人民共和国企业所得税法》及其实施条例、《国务院关于印发进一步鼓励软件产业和集成电路产业发展若干政策的通知》（国发〔2011〕4号），认定为我国境内新办的集成电路设计企业和符合条件的软件企业，第一年至第二年免征企业所得税，第三年至第五年按照25%的法定税率减半征收企业所得税，未来年度按高新技术企业享受15%征收企业所得税。

第四个：

杭州柯林于2021年4月6日发布招股书披露：2018—2020年度公司享受增值税即征即退的软件产品全部系子公司高拓信息销售的软件，分为计算机软件和嵌入式软件两类，销售模式为直销，且仅向母公司柯林电气进行销售，其

2018—2020年度向母公司销售软件产品累计1.04亿元，毛利率高达98%。

这四家上市公司中，两个属于互联网行业，一个属于教育行业，一个属于工业行业。看似毫不相关的行业背后，却都闪烁着相同的一个魅影——软件公司。

科教兴国，是国家战略，这些企业涉足软件公司没问题，但搞研发似乎应该是花钱为主，软件公司应该是企业的一个"成本中心"才对，为什么这么多企业都把集团内的软件公司当成了"利润中心"呢？而且这些利润还都是内部交易完成的，合并报表时是要剔除的，这又是何苦呢？

还是税友股份的公告说得好，因为这个行业优惠政策多啊！

报告期内，发行人及其下属单位享受的税收优惠情况如下所示：

1. 增值税

（1）增值税免征优惠

根据《财政部　国家税务总局关于将铁路运输和邮政业纳入营业税改征增值税试点的通知》（财税〔2013〕106号）、《财政部　国家税务总局关于全面推开营业税改征增值税试点的通知》（财税〔2016〕36号）的有关规定，纳税人提供技术转让、技术开发和与之相关的技术咨询、技术服务取得的收入，符合条件的，免征增值税。

（2）增值税即征即退优惠

根据《财政部　国家税务总局关于软件产品增值税政策的通知》（财税〔2011〕第100号），自2011年1月1日起，"增值税一般纳税人销售其自行开发生产的软件产品，按17%税率征收增值税后，对其增值税实际税负超过3%的部分实行即征即退政策"的规定，报告期内，发行人销售自行开发生产的软件产品，按适用税率征收增值税后，对增值税实际税负超过3%的部分享受即征即退的税收优惠。

（3）增值税进项税加计抵减优惠

根据《国家税务总局关于深化增值税改革有关事项的公告》（国家税务总

局公告2019年第14号）、《财政部 税务总局 海关总署关于深化增值税改革有关政策的公告》（财政部、税务总局、海关总署公告2019第39号）的规定，自2019年4月1日至2021年12月31日，允许生产、生活性服务业纳税人按照当期可抵扣进项税额加计10%，抵减应纳税额。发行人及其子公司在2019年4—9月享受增值税加计抵减政策。

2.所得税

（1）国家规划布局内重点软件企业所得税优惠

根据《财政部、国家税务总局关于进一步鼓励软件产业和集成电路产业发展企业所得税政策的通知》（财税〔2012〕27号）、《财政部 国家税务总局 发展改革委 工业和信息化部关于软件和集成电路产业企业所得税优惠政策有关问题的通知》（财税〔2016〕49号）的相关规定，"国家规划布局内的重点软件企业和集成电路设计企业，如当年未享受免税优惠的，可减按10%的税率征收企业所得税"。发行人在2016年和2017年享受10%的企业所得税优惠税率。

（2）软件企业所得税优惠

根据《财政部 国家税务总局关于进一步鼓励软件产业和集成电路产业发展企业所得税政策的通知》（财税〔2012〕27号）、《财政部 国家税务总局 发展改革委 工业和信息化部关于软件和集成电路产业企业所得税优惠政策有关问题的通知》（财税〔2016〕49号）、《财政部 税务总局关于集成电路设计和软件产业企业所得税政策的公告》（财政部、税务总局公告2019年第68号）的相关规定，"依法成立且符合条件的集成电路设计企业和软件企业，在2018年12月31日前自获利年度起计算优惠期，第一年至第二年免征企业所得税，第三年至第五年按照25%的法定税率减半征收企业所得税，并享受至期满为止"。发行人子公司亿企赢于2018年度开始盈利，在2018年度和2019年1—9月享受了软件企业所得税税收优惠政策，免征企业所得税，2020年度企业所得税减半征收。

（3）高新技术企业税收优惠

根据浙江省科学技术厅、浙江省财政厅、浙江省国家税务局、浙江省地方税务局于2017年11月13日联合颁发的《高新技术企业证书》（证书编号：GR201733001722），认定发行人为高新技术企业，有效期为三年，故发行人在2018年度、2019年1—9月可享受15%的企业所得税优惠税率。

根据《财政部　国家税务总局关于延长高新技术企业和科技型中小企业亏损结转年限的通知》（财税〔2018〕76号），发行人和上海税友自2018年1月1日起，具备资格年度之前5个年度发生的尚未弥补完的亏损，准予结转以后年度弥补，结转年限由5年延长至10年。

这哪里是上市公告啊，这是妥妥的软件企业优惠政策教科书。

优惠政策大量集中的经营主体通常被我们亲切地称为"税收洼地"，何为"洼地"？利润是水，水一定是向地势低洼的地方流。所以，如果集团里有一个研发平台，那它必然成为利润汇聚的地方。而软件公司由于门槛相对较低，所以出场机会大增也就不足为奇了。

这正是软件公司是枝花，种在哪里哪里发！

"百川东到海，何时复西归"，利润流向研发平台有很多方法，包括内部买卖、特许权使用费、委托研发、联合研发、成本分摊……

只是别忘了《流浪地球》中北京第三区交通委的提醒："道路千万条，安全第一条。"避税有风险，操作需谨慎。比如杭州柯林的公告，就明显有"此地无银三百两"的意思——"销售模式为直销，且仅向母公司柯林电气进行销售，其2018—2020年度向母公司销售软件产品累计1.04亿元，毛利率高达98%"。

避个税用得着这么"明目张胆"吗？别忘了税务机关还有个反避税调查和特别纳税调整职能。

总结一下：

1.以软件公司（门槛最低）为代表的科技子公司因优惠政策集中而成为集团税负的"节税阀"。

2.集团利润流向科技子公司的方法包括内部买卖、特许权使用费、委托研发、联合研发等多种方式。

3.我们不反对企业做一定程度上的税负规划，但操作中应该考虑业务合理性问题。合理的标准是什么呢？一句话——你自己看了得信！

一起经典的非货币性资产出资案

有些事情就是这样，你很难说得清楚它到底是怎么回事，尤其是税务问题，更是一波三折，十面埋伏。不留神，出问题；留了神，还是出问题。想不到，出问题；想到了，还是出问题，比如奥雷德。

奥雷德于2020年2月26日发布公告，披露2018年11月公司曾将用于生产消费电子领域的三种型号OLED微型显示器制造技术及相关专利的使用权、AR/VR智能终端应用技术及相关专利评估作价2亿元以无形资产的形式出资昆明京东方公司，上述无形资产转让所得179,890,000.00元。

根据上述公告内容，奥雷德本次投资的会计处理应该是：

借：长期股权投资　　　　　　　　　　　　　　2亿元
　　贷：无形资产　　　　　　　　　　　　　　0.2亿元
　　　　资产处置损益　　　　　　　　　　　　1.8亿元

这1.8亿元资产处置损益从原理上来讲，属于标准的权属转移，妥妥地要交企业所得税没商量啊。这就是我们常说的并购重组中的"一般性税务处理"嘛。

可是各位看官您发现了吗？这个投资跟一般的销售还是有所不同的：

第一，缺乏纳税必要资金。如果是销售行为，借方应该拿到的是现金，如果拿到现金了，交税也是天经地义的事。但是奥雷德拿到的不是钱，而是长期股权投资。这就意味着它必须先准备出1.8亿元所得对应的现金交税。如果准备不出这么多现金，这个投资就做不成。这必然给企业的并购重组套上沉重的税负枷锁。

第二，权益的间接连续性。如果是销售行为，奥雷德从此就无法再控制这些无形资产了。可是现在的情况是奥雷德控制子公司昆明京东方，子公司昆明京东方控制这些无形资产。等于奥雷德从直接控制变为间接控制，权益的间接连续性依然存在。

第三，商业的间接连续性。如果是销售行为，新东家拿这些无形资产做什么，奥雷德根本就决定不了。可是现的情况是这些无形资产依然在做原来的工作，并未改变商业用途，只是换了一个"车间"而已。

正是这三个特殊性情形决定了我们必须给这种交易一个"特殊性税务处理"的路径，以减少企业重组中的税负压力。于是，我们就看到了那个著名的《财政部　国家税务总局关于非货币性资产投资企业所得税政策问题的通知》（财税〔2014〕116号）：居民企业以非货币性资产对外投资确认的非货币性资产转让所得，可在不超过5年期限内，分期均匀计入相应年度的应纳税所得额，按规定计算缴纳企业所得税。

这就是我们常说的"确定性递延纳税"优惠，财税〔2014〕116号文实际上隐藏了3个优惠点：

1. 本来应该1年交齐的税，现在允许5年交齐，这本来就是一种优惠；

2. 分期均匀计入相应年度的应纳税所得额。如果当年恰好有亏损，岂不是正好抵顶了税款；

3. 被投资企业取得非货币性资产的计税基础，应按非货币性资产的公允价值确定。也就是说，无论投资方用几年交税，被投资方从一开始就可以按2亿元的评估值直接税前扣除。

按说财政部的政策给得够真诚了吧，可人家奥雷德偏偏不领情。

公告披露："根据《中华人民共和国企业所得税法实施条例》第九十条规定，企业所得税法第二十七条第（四）项所称符合条件的技术转让所得免征、减征企业所得税，是指一个纳税年度内，居民企业技术转让所得不超过500万元的部分，免征企业所得税；超过500万元的部分，减半征收企业所得税。由于本公司为高新技术企业，所得税税率按照15%征收，故2018年度对于上述技术转让所得按照7.5%税率缴纳即13,116,750.00元。"

也就是说，奥雷德根本没有选择优惠政策，而是直接选择了一般性税务处理。

一幕精彩的对话就此拉开序幕：

税务部门：奥雷德，这1.8亿对应的税款让你一下子交齐也是难为你了，这样，你估计一下大概几年能交齐？

奥雷德：如果非要我在这个税款上加一个期限，我希望是一万年！

税务部门：一万年太久，咱得只争朝夕，最多5年，你看着办吧。

奥雷德：咱是那差钱儿的人吗？告诉你噢，咱就要贵的，不差钱儿！

税务部门：好吧，不差钱儿就不差钱儿吧，可是你那个7.5%是什么意思呢？15%优惠税率和技术转让所得减半这俩优惠政策能叠加享受吗？自己看看国税函〔2010〕157号规定。

奥雷德：哎呀，这俩不能搁一起享受哇，那你不早说。那我要是减半，就得按25%算，那就是12.5%的税率。我要不减半呢，就是15%。那啥，我还是按25%减半吧。

公告披露：但根据国税函〔2010〕157号规定，对于享受税收优惠不得叠加享受，即企业选择高新技术企业所得税税率15%，则不能享受减半征收；若选择所得税率为25%，对该项技术转让所得享受减半征收的优惠政策即所得税税率为12.5%，即21,861,250.00元，故2019年进行2018年度企业所得税汇算清缴期间，按照税率差补缴了企业所得税，相应调增应交税费—所得税及调增所得税8,744,500.00元。

税务部门：（双手点赞）您老这不是土豪，您老这就是土啊。

奥雷德：我一年交还是五年交，反正不都得交？你要是能弄出个不交的政策才叫牛呢。

税务部门：我前边才说了两个政策，你二千多万所得税就交了，你怎么知道我没有第三个选择呢？您瞅准啦，变……

《财政部　国家税务总局关于完善股权激励和技术入股有关所得税政策的通知》(财税〔2016〕101号)：企业或个人以技术成果投资入股到境内居民企业，被投资企业支付的对价全部为股票(权)的，企业或个人可选择继续按现行有关税收政策执行，也可选择适用递延纳税优惠政策。选择技术成果投资入股递延纳税政策的，经向主管税务机关备案，投资入股当期可暂不纳税，允许递延至转让股权时，按股权转让收入减去技术成果原值和合理税费后的差额计算缴纳所得税。

奥雷德：您老哥可真能耍人，按这个规定，我倒是不用交税了。但是，这些无形资产到我的子公司昆明京东方账上，它的计税基础就不能是2亿元，而应该是0.2亿元。换句话说，我在投资环节不用交的税，将来全得在我的子公司身上交回来。

税务部门：你再往下看：企业或个人选择适用上述任一项政策，均允许被投资企业按技术成果投资入股时的评估值入账并在企业所得税前摊销扣除。换句话说，你这2,100万元所得税根本不用交，子公司那边也可以按2亿元在所得税税前扣除。

总结一下：
有限公司以非货币资产对外投资，常见的税收待遇有3种：
一是，一般性税务处理，就是正常交税。
二是，按财税〔2014〕116号文，5年期确定性递延纳税。
三是，如果对外投资的资产属于技术成果的话，按财税〔2016〕101号文，不确定性递延纳税。
以上三种方式，均不影响被投资方按非货币性资产公允价值入账并在企业所得税前摊销扣除。

第三部分

采购战略

三钢闽光被追缴善意取得虚开专用发票复议失败是否冤枉？

三钢闽光于2015年8月20日发布公告，披露公司2015年被福建三明市梅列区国家税务局认定，2011年1月1日—2014年1月公司善意取得虚开增值税专用发票306份和货物运输业增值税专用发票5份，追缴已抵扣的进项税额4,604.47万元，并根据国税函〔2007〕1240号不予加收滞纳金。按照三明市梅列区国家税务局下达的《税务处理决定书》的要求，三钢闽光已补缴税款合计46,044,695.41元，并向市局提起行政复议。在市局仍维持区局处理决定，复议失败的情况下，公司认为其系无辜受害、无端蒙受巨额损失。

原文表述中有一段让人印象深刻："在涉案的增值税专用发票已经主管税务机关认证并得以正常抵扣的情况下，本公司无力也无权对交易对方开具的真实的增值税专用发票是否为虚开进行进一步的核实和监管，上海市崇明县国家税务局也未及时发现和查处。因此，在该事件中本公司为无辜受害、无端蒙受巨额损失。"

这份情真意切的公告的确说出了广大纳税人的心声。三钢闽光与供应商上海博宛的业务确属真实，而且也对供应商进行了相应的资格审查，发票也经过了税务机关认证。上海博宛没有直接向买家三钢闽光虚开发票，而是开具了完全真实的发票，将虚取发票留给了自己。无奈的是，税务局不仅问责上海博宛，而且是一箭双雕，既直指上海博宛虚取进项发票，又指向了其下游的三钢闽光，以上海博宛虚取进项为由，认定其开具给三钢闽光的发票全部为虚开，不允许三钢闽光抵扣进项。

那么三钢闽光是否属于"无端蒙受巨额损失"呢？其进项是否应该抵扣呢？这里涉及一个极为重要的文件——《关于纳税人对外开具增值税专用发票有关问题的公告》（国家税务总局公告2014年第39号）。根据该文件规定：

纳税人通过虚增增值税进项税额偷逃税款,但对外开具增值税专用发票同时符合以下情形的,不属于对外虚开增值税专用发票:

一、纳税人向受票方纳税人销售了货物,或者提供了增值税应税劳务、应税服务;

二、纳税人向受票方纳税人收取了所销售货物、所提供应税劳务或者应税服务的款项,或者取得了索取销售款项的凭据;

三、纳税人按规定向受票方纳税人开具的增值税专用发票相关内容,与所销售货物、所提供应税劳务或者应税服务相符,且该增值税专用发票是纳税人合法取得、并以自己名义开具的。

受票方纳税人取得的符合上述情形的增值税专用发票,可以作为增值税扣税凭证抵扣进项税额。

通过文件表述,我们看到,如果上海博宛与三钢闽光开具的发票真的满足上述三个条件,那么,即便上海博宛虚取进项,作为取票方的三钢闽光依然是允许抵扣的。所以,单从公告表述上来看,三钢闽光的确有些冤枉。唯一可能的解释是39号公告是从2014年8月1日起施行。本案的发生日期在这个日期之前,如果真是那样,三钢闽光也只能慨叹生不逢时了。

从以上分析,我们得出一个结论:不能因为开票方自己虚取,就认定其向下游开具的发票为虚开,下游是否可以抵扣,关键还是要看业务是否真实,如果业务真实,且能够满足39号公告规定的几个条件,是可以抵扣的。39号公告为保护纳税人抵扣权提供了很好的法律保障。

电商同学看过来:废旧物资采购企业教你如何解决采购无票问题

今天我们来看看成本无票时,如何设计立体的采购平台才更科学。

我想说,电商同学们看过来,看看人家废旧物资采购企业是怎么玩的。

优彩资源于2020年8月17日发布公告披露,公司的主要原材料是废旧PET原料。

这就要问发票哪里来了。

优彩资源的公告说,他们前期和后期用的是两种不同方法。

先看前期：2018年及以前年度，公司通过万杰回收向个人供应商采购原料、开具废旧物资收购发票，并销售给本公司及子公司恒泽科技。

原来它专门成立了一个采购中心，叫万杰回收，负责收购这些废旧物资，之后卖给上市公司。自己公司开出的发票自己心里还是有数的，这招至少保证了上市主体的发票安全，不失为良策。更重要的是万杰回收自己也得有成本发票啊，这个怎么办呢？哦，原来我们还有"废旧物资发票"，这跟"农产品收购发票"类似。自己开给自己，很容易出现虚开乱象。

税务局也急呀，所以公告又说了：2017年以来，江苏省政府加大了对再生行业的环保和税务废旧物资收购发票开具的检查力度，包括再生PET原料，2017年下半年一度停止废旧物资回收公司开具废旧物资收购发票，导致废旧物资回收公司无法对客户开具增值税发票，公司希望供应商能够直接提供对应的发票。

您瞧瞧，这第一种方式算是走到头了。

正当公司一筹莫展时，转机出现，公告称：《关于统一增值税小规模纳税人标准的通知》（财税〔2018〕33号）和针对小微企业各项税收优惠政策相继实施，注册个体工商户的规模限制和税务成本也大大降低，推动了个人供应商成立个体工商户进行经营的进程。

对啊，办个体工商户啊，又有发票，又简单，税又低。但是那么多小供应商，总不能祖国大地，遍地生花吧？公司部分长期合作的个人供应商选择在公司经营地——江阴市注册个体工商户，以便于税务管理。主要原因有：再生回收市场时有发生虚开收购发票案例，对整个再生PET原料行业造成显著影响。江阴市作为国内再生涤纶行业的主要集聚地之一，也是再生PET原料供应商的主要销售市场，江阴市税务部门对废旧PET原料采购增值税发票稽查更加严格。为方便江阴当地税务部门对其个体工商户所开具增值税发票认证和税务规范性稽查，部分个人供应商选择在江阴市注册个体工商户。

于是，万杰回收被放弃，优彩资源直接跟江阴的个体工商户签约。

正当春风得意时，交易所问询函又来了！

问题描述：报告期内，发行人前十大供应商变化较大，发行人各年前十大主要原料供应商采购金额比例分别为30.80%、26.57%和18.74%，前十大供应商中，向个人供应商的采购占比较高，报告期内，非法人供应商采购占比分别为45.68%、61.73%、71.42%。

（1）2018年，发行人前五大供应商新增个体工商户，请项目组说明新增的原因；上述新增个体工商户注册地在江阴，与发行人经营地相同，请说明其原因及合理性。

（2）请说明现金交易、使用个人账户交易、与非法人单位（个体工商户等）交易、无发票交易的金额和占比，交易对象和数量，交易对象的集中度和分布情况以及交易的入账依据。

我们在前面看到的公告内容就出自优彩资源对此的回复，而且特意还强调了一点：

"发行人向个人供应商采购均通过子公司万杰回收开具废旧物资回收发票，并依据采购合同、原料计价检测单、发票、入库单等凭证入账，经核查，发行人不存在无发票采购交易的情形。报告期内，发行人不存在通过个人账户收付款的情形，所有款项均通过银行承兑汇票、银行转账等方式正常支付，项目组已对报告期内的主要供应商函证、走访，经核查，发行人不存在通过个人账户代付货款的情形。"

可以说，优彩资源工作做得已经非常到位了，财务内控水平堪称楷模：
一是自然人供应商全部变为个体工商户；
二是全部对公付款，银行转账；
三是所有相关原始资料留存齐全；
四是找到江阴这么个好地方。

唯独，要是能再往前进那么一小步，就达到完美了。这一小步就是那个边上歇着的"万杰回收"！

优彩资源呐，你脑子就不能再灵活一点吗？供应商体系非得是上市公司直接对着个体户吗？非得是这种落后的二层思维吗？就不能变成立体的吗？

上市主体→万杰回收→个体工商户

这样设计，上市公司不就没有向个体户采购的支出了吗？加上堪称楷模的财务内控，完美！

现在，敲黑板，别忘了，今天的事是讲给电商同学听的。你们的真实销售额和刷单销售额可都在平台上记着呐，只要跟申报表一对，问题就暴露得一清二楚了。一旦收入确定，你的成本又没有票，有票的价格也极低，怎么办啊？优彩资源给大家上了生动的一课，这节课的名字叫《论采购平台是怎样炼成的》：

1. 自然人供应商全部变为个体工商户；
2. 全部对公付款，银行转账；
3. 相关原始资料留存齐全；
4. 找到一个税负低的好地方；
5. 搭建立体采购体系。

你学会了吗？

对于关联交易，大家可能有些误解

笔者从事税务工作20余年，发现企业对税收政策的认知偏差还是很大的，关联交易就是其中一个。大量的财务人员对关联交易税收政策严重误解，甚至"谈关联交易变色"。

误解1：关联方之间不允许交易（最令笔者惊讶的是，持这种奇葩认知的财务人员竟大有人在。认知错误本身不奇葩，奇葩的是这么明显错误的认知竟然有那么多人信）；

误解2：有持股关系才是关联方，没有就不是；

误解3：关联交易一定会被税务局检查（这点是误解最大的地方）；

误解4：关联方之间收取费用，不知道用什么理由合理；

误解5：关联交易定价必须向税务机关报送资料；

今天，我们就用一个公告给大家来一次大开眼界的勘误。

软通动力于2021年9月3日发布招股书，披露2018—2020年报告期内，发行人及子公司之间发生的内部交易共19,646.91万元，主要为项目实施交付服务和集团共享服务。

一句话，就打破了误解1，关联方之间怎么就不能交易呢？人家内部交易接近两亿元了，不也没影响IPO招股吗？

关于误解2，什么情况会被认为是关联关系呢？我们来看《国家税务总局关于完善关联申报和同期资料管理有关事项的公告》（国家税务总局公告2016年第42号）：

企业与其他企业、组织或者个人具有下列关系之一的，构成本公告所称关联关系：

（一）一方直接或者间接持有另一方的股份总和达到25%以上；双方直接或者间接同为第三方所持有的股份达到25%以上。

（二）双方存在持股关系或者同为第三方持股，虽持股比例未达到本条第（一）项规定，但双方之间借贷资金总额占任一方实收资本比例达到50%以上，或者一方全部借贷资金总额的10%以上由另一方担保（与独立金融机构之间的借贷或者担保除外）。

（三）双方存在持股关系或者同为第三方持股，虽持股比例未达到本条第（一）项规定，但一方的生产经营活动必须由另一方提供专利权、非专利技术、商标权、著作权等特许权才能正常进行。

（四）双方存在持股关系或者同为第三方持股，虽持股比例未达到本条第（一）项规定，但一方的购买、销售、接受劳务、提供劳务等经营活动由另一方控制。

（五）一方半数以上董事或者半数以上高级管理人员（包括上市公司董事会秘书、经理、副经理、财务负责人和公司章程规定的其他人员）由另一方任命或者委派，或者同时担任另一方的董事或者高级管理人员；或者双方各自半数以上董事或者半数以上高级管理人员同为第三方任命或者委派。

（六）具有夫妻、直系血亲、兄弟姐妹以及其他抚养、赡养关系的两个自然人分别与双方具有本条第（一）至（五）项关系之一。

（七）双方在实质上具有其他共同利益。

看到这里，相信各位看官对误解3自然也就有了答案。最关键的是误解4和误解5。

首先是误解4：关联方之间收取费用，不知道用什么理由合理。公告给我们上了生动的一课！

发行人及子公司之间发生的内部交易主要为项目实施交付服务和集团共享服务，具体如下：

（1）项目实施交付服务

项目实施交付服务指集团内的签约公司在与客户签署销售合同后，通过下包或分包方式转移给集团内其他子公司即项目实施公司，以完成项目实施交付。

上述交易中，项目签约公司负责前期商机获取到客户订单签署，项目整体规划、方案设计和人才资源配置，按实际需求匹配下包给客户所在地就近的项目实施公司；项目实施公司负责项目实施，包括制定项目实施计划、项目进度管理、交付质量管理等事项，确保服务交付及实现。

发行人及子公司针对此类服务进行内部交易的主要原因在于发行人的客户为大中型企业，服务区域遍布全国，而签署合同时只能和集团内有资质的某一家公司签约，签约公司将任务分配下包给项目实施公司完成。

项目实施交付服务收入成本费用在各公司之间的具体分摊原则为：项目

实施公司以项目口径归集项目实施过程中实际发生的成本，实际成本包含实施该项目发生的人工成本、第三方采购成本、为确保项目得以顺利实施的其他成本。项目实施公司以项目实际成本加成一定比例向项目签约公司收取费用，项目实施公司确认关联收入，项目签约公司确认关联成本。发行人定期聘请第三方中介机构出具转让定价同期资料对关联交易符合独立性原则进行认定并将转让定价同期资料向税务局备案。

报告期内，上述交易的主要明细如下：

单位：万元

序号	项目实施公司	项目签约公司	2018年	2019年	2020年	服务内容
1	深圳软通	软通技术服务	100,988.04	126,961.58	121,898.27	软件与数字技术服务、数字化运营服务
		软通动力	11,304.99	26,307.27	36,689.82	
		广州软通	5,591.33	7,309.49	6,805.76	软件与数字技术服务
		深圳软通科技	4,666.36	5,536.85	7,190.28	
2	软通技术服务	软通动力	50,372.00	40,262.12	36,562.42	软件与数字技术服务、数字化运营服务
		深圳软通	29,693.43	27,592.50	45,479.89	软件与数字技术服务
3	南京技术服务	软通技术服务	60,315.72	72,725.84	80,210.12	软件与数字技术服务、数字化运营服务
		深圳软通	1,059.63	2,878.87	8,801.49	软件与数字技术服务
		软通动力	1,421.25	4,595.37	4,578.42	软件与数字技术服务、数字化运营服务
4	西安软动	软通技术服务	52,561.25	80,649.91	78,579.81	软件与数字技术服务、数字化运营服务
5	上海技术服务	软通动力	16,635.58	21,392.56	23,350.38	软件与数字技术服务、数字化运营服务
		软通技术服务	12,822.71	14,919.25	24,258.90	
		深圳软通科技	5,960.43	6,681.59	7,984.71	软件与数字技术服务
6	软通动力	软通技术服务	12,498.52	28,024.62	29,751.09	软件与数字技术服务、数字化运营服务
		深圳软通	1,597.73	4,079.48	6,249.12	
7	西安技术服务	软通技术服务	25,229.78	18,638.78	12,657.01	软件与数字技术服务、数字化运营服务

续表

序号	项目实施公司	项目签约公司	2018年	2019年	2020年	服务内容
8	杭州技术服务	软通技术服务	12,875.11	11,353.25	14,567.59	软件与数字技术服务、数字化运营服务
		软通动力	2,325.67	4,922.86	7,122.43	
9	广州软科	软通技术服务	—	5,064.52	15,965.85	软件与数字技术服务、数字化运营服务
		软通动力	—	2,321.92	14,832.37	
		深圳软通	—	518.12	7,181.88	
10	北京云计算	软通动力	6,475.69	16,692.53	12,133.57	软件与数字技术服务、数字化运营服务
11	软通旭天	软通动力	5,994.11	7,519.37	8,046.97	软件与数字技术服务、数字化运营服务
12	上饶软通	软通技术服务	—	—	14,794.26	数字化运营服务
		软通动力	—	—	8,743.26	
13	无锡技术服务	软通技术服务	5,892.22	7,492.30	6,537.06	软件与数字技术服务、数字化运营服务
14	天津技术服务	软通动力	3,717.83	6,215.92	5,199.01	软件与数字技术服务、数字化运营服务
15	上海实业	软通动力	6,210.80	6,488.07	5,583.30	软件与数字技术服务
16	怀来软通	软通动力	230.45	3,869.68	5,812.94	数字化运营服务
17	宁波软通	软通技术服务	—	6,805.34	4,861.91	软件与数字技术服务、数字化运营服务
18	镇江数科	软通技术服务	—	—	9,585.93	数字化运营服务
19	成都软通	软通技术服务	—	—	5,330.44	软件与数字技术服务

（2）集团共享服务

发行人采取集团共享服务模式向相关子公司提供共享服务，具体服务内容包括：集团市场营销共享、财务共享、法务共享、资产与采购共享等。共享服务模式可提升运营效率并节约成本，同时可保证集团统一管理和合规遵从一致。

集团共享服务的收入成本费用在各公司之间的具体分摊原则为：发行人以成本中心口径归集需进行分摊的集团市场营销共享、财务共享、法务共享、资产与采购共享等费用,发行人根据实际发生的费用加成一定比例向接受服务公司收取费用。发行人定期聘请第三方中介机构出具转让定价同期资料对关联交易符合独立性原则进行认定并将转让定价同期资料向税务局备案。

报告期内,集团共享服务主要交易情况如下:

单位:万元

服务提供公司	服务接收公司	2018年	2019年	2020年
软通技术服务	软通动力	8,550.15	4,195.88	5,491.70
	深圳软通	—	647.47	761.71

也就是说,软通将整个集团的业务拆分成了若干独立的子公司,形成了上中下三层业务开展架构。

底层:各地子公司,这些子公司负责对外项目的直接服务,属于"服务平台"。笔者查了天眼查数据,这些子公司多数是小微企业。

中层:主要就是软通动力、深圳软通、软通技术服务三家。这三家就是集团对外签约的主体。承揽业务后,包给各地子公司向客户提供服务。

顶层:软通技术服务。向深圳软通、软通动力提供服务并收取服务费。微妙的是,根据天眼查数据显示,三家公司中只有软通技术服务是高新技术企业。

下一个问题就是,软通技术服务到底提供了什么服务呢?公告写得明白:"发行人以成本中心口径归集需进行分摊的集团市场营销共享、财务共享、法务共享、资产与采购共享等费用,发行人根据实际发生的费用加成一定比例向接受服务公司收取费用"。

笔者想问,你学会了吗?

最后一个误解5,其实并不是关联交易定价必须向税务机关报送资料,只有在交易金额达到一定标准以后才需要。

《国家税务总局关于完善关联申报和同期资料管理有关事项的公告》(国家税务总局公告2016年第42号):

十、企业应当依据企业所得税法实施条例第一百一十四条的规定,按纳税年度准备并按税务机关要求提供其关联交易的同期资料。

同期资料包括主体文档、本地文档和特殊事项文档。

十一、符合下列条件之一的企业，应当准备主体文档：

（一）年度发生跨境关联交易，且合并该企业财务报表的最终控股企业所属企业集团已准备主体文档。

（二）年度关联交易总额超过10亿元。

十三、年度关联交易金额符合下列条件之一的企业，应当准备本地文档：

（一）有形资产所有权转让金额（来料加工业务按照年度进出口报关价格计算）超过2亿元。

（二）金融资产转让金额超过1亿元。

（三）无形资产所有权转让金额超过1亿元。

（四）其他关联交易金额合计超过4,000万元。

软通的情况，肯定是满足报送资料的条件了，于是公告披露："母公司、子公司之间的关联交易遵循价格公允的原则，即定价规则以服务提供公司发生的实际成本费用合理加成，向服务接收公司收取费用。发行人内部关联交易定价是基于现实情况以及合理的商业目的做出的，发行人不存在通过子公司之间不公允交易定价规避税负的情形，不存在对成本费用、人员不合理的分摊调节母公司、各子公司收入利润成本费用从而规避税负或获取税收优惠的情形。"

好了，5个误解都澄清了。请容许笔者对软通的税负管理水平发出由衷的赞叹。

税负规划的最高境界，就是能与企业的商业模式与发展战略融为一体，笔者认为软通动力做到了：

第一，三层业务架构互为客户，互相考核，各司其职，提升了内部配合效率；

第二，散落在各地的子公司可以实现对客户服务的无缝对接；

第三，各子公司要么为小微企业，要么为高新技术企业，可以有效控制集团整体税负。

围绕上市公司关联交易避税的一场"剧本杀"

关联交易转移利润避税一直是税务领域里的热门话题，但是，如果你真的走进这个局，你会发现，不同利益方围绕关联交易避税问题你方唱罢我登场，有的角色反转，有的明枪暗箭，有的相爱相杀，有的孤单寂寥，像极了一幕错综复杂的"剧本杀"。

先说证监会和交易所，这两个是证券监管部门，近年来对关联交易避税问题也提高了关注度，多次针对关联交易避税问题进行问询。

天岳先进于2021年10月22日发布法律意见书，披露2018—2020年报告期内，发行人及其子公司、子公司之间的内部交易共121,469.09万元，其中，存在税率差的交易主要发生在天岳先进与济宁天岳、上海越服、天岳晶体之间。因此，律师认为，发行人不存在利用合并范围内相关主体的税收优惠规避税收缴纳义务的情形。

盛帮股份于2021年9月30日发布《发行人及保荐机构回复意见（2021年半年报财务数据更新）（成都盛帮密封件股份有限公司）2021-09-30》详细披露，监管部门要求其说明报告期内母公司和各子公司之间的内部交易情况、定价机制，是否利用内部转移定价进行税务筹划。

软通动力于2021年9月3日发布招股书，披露2018—2020年报告期内，发行人及子公司之间发生的内部交易共19,646.91万元，主要为项目实施交付服务和集团共享服务。母公司、子公司之间的关联交易遵循价格公允的原则，即定价规则以服务提供公司发生的实际成本费用合理加成，向服务接收公司收取费用。发行人内部关联交易定价是基于现实情况以及合理的商业目的做出的，发行人不存在通过子公司之间不公允交易定价规避税负的情形，不存在对成本费用、人员不合理的分摊调节母公司、各子公司收入利润成本费用从而规避税负或获取税收优惠的情形。

这些招股意见书、回复意见、律师函都是针对证券监管部门问询的回复，证券监管部门关心企业的避税问题，从企业经营合法性监管的考量上看，合情合理。

再看回复，就很有意思了。

天岳先进于2021年10月22日发布法律意见书回复：报告期内，发行人及其子公司、子公司之间存在税率差的交易主要发生在天岳先进与济宁天岳、上海越服、天岳晶体之间。其中，济宁天岳仅涉及生产环节中的长晶环节，天岳先进将合成粉料、相关设备销售至济宁天岳，济宁天岳长晶完成后将其生产出的晶锭销售至天岳先进，由天岳先进进行后续加工；上海越服为发行人原材料、设备采购的专门平台，其采购后的原材料、设备销售至天岳先进；报告期内，天岳晶体以其自有房产为天岳先进提供厂房、设备租赁及相关配套服务，并陆续将其持有的设备、土地厂房等资产转让至天岳先进，截至2020年12月，天岳晶体已将所持有的土地房产、设备等全部资产转让至天岳先进并予以注销。另经律师核查，报告期内，发行人母子公司之间内部交易均基于实际业务需要发生，具有真实交易背景。因此发行人不存在利用合并范围内相关主体的税收优惠规避税收缴纳义务的情形。

同时，根据公司及子公司主管税务机关出具的涉税合规证明、境外子公司法律意见书，公司母子公司报告期内遵守国家及地方税收法律、法规、规章和规范性文件的规定，并根据适用的税种、税率申报和缴纳税金，不存在重大税务违法违规行为。

盛帮股份回复：报告期内，公司及子公司贝特尔属于西部大开发鼓励类企业，按照优惠税率15%的企业所得税税率执行，报告期内，盛帮股份与贝特尔无税率差异，不存在利用内部转移定价进行税务筹划的情形。盛帮复材和盛帮特种由于设立后均未实际经营，从2015年6月16日设立至2018年6月15日注销期间，未发生内部交易，不存在转移定价问题。

盛帮双核于2019年11月取得高新技术企业资格，按照优惠税率15%的企业所得税税率执行。2019年度、2020年度和2021年上半年，盛帮股份、贝特尔与盛帮双核之间无税负差异，定价模式未发生变化，不存在利用内部转移定价进行税务筹划的情形。如内部交易具体情况表所示，2018年度盛帮双核向盛帮股份、贝特尔销售产品金额毛利较高，盛帮股份、贝特尔向其销售毛利较低，不存在通过转移定价将高额利润留在低税率的交易对手方以进行税务筹划的情形。

报告期内，盛帮核盾税率为25%，但其业务规模较小且亏损，与合并范围内其他公司交易额较小，报告期内定价模式也未发生变化，不存在通过转移定价将高额利润留在低税率的交易对手方以进行税务筹划的情形。

此外，公司及各子公司在报告期各年度向税务机关报送年度企业所得税纳税申报表时（一般为次年度5月31日前即企业所得税汇算清缴截止日期前），就其与关联方之间的业务往来附送了《企业年度关联业务往来报告表》，向税务机关如实申报了内部交易的情况供税务机关审核。根据盛帮股份于2020年8月18日、2021年1月29日、2021年8月6日取得国家税务总局成都市双流区税务局出具的证明（告知）书；盛帮双核、盛帮核盾于2020年8月19日、2021年1月29日、2021年8月6日取得国家税务总局成都市双流区税务局出具的证明（告知）书；贝特尔于2020年8月5日、2021年1月14日、2021年8月5日取得国家税务总局射洪县税务局出具的证明（告知）书，报告期内公司及各子公司未发生重大税收违法违规事项。

软通动力回复：发行人定期聘请第三方中介机构出具转让定价同期资料对关联交易符合独立性原则进行认定并将转让定价同期资料向税务局备案。根据国家税务总局公告2016年第42号要求，企业须在每年7月31日前提交上一年度转让定价同期资料本地文档，企业集团最终控股企业须在会计年度终了之日起12个月内准备完毕，自税务机关要求之日起30日内提供同期资料主体文档。发行人及满足条件的子公司在报告期内均已向主管税务局按时提交同期资料本地文档备案，软通动力作为母公司，已于每年1月31日前向主管税务局完成集团主体文档的提交备案。报告期内同期资料分析结论显示，发行人母公司、子公司关联交易的完全成本加成率符合行业平均水平，验证交易符合独立交易原则。

这些回复总结起来关键点有如下几个，十分具有参考意义：

第一,我们没有利用关联交易避税,我们都是没问题的。

第二,关联交易双方税率都是一样的,所以不是避税。(请好好看看反避税相关文件,税率一样的就不能转移利润避税了?)

第三,中介机构出具了相关同期资料证明定价合理性,所以不是避税。(中介机构出具同期资料只是证明不是避税的必要条件,而不是充分条件!)

第四,税务机关出具了证明书,所以不是避税。(税务机关的确是出具了证明书,但税务机关证明的是企业实际交了多少税,是暂未发现问题,不是证明没有避税好不好,这也是必要条件,不是充分条件。)

好一个概念大偷换。

还有两大问题更加奇葩:

第一,是否构成避税不是应该由税务机关来管吗?怎么变成证券监管部门管了?

第二,回复的信任中介不应该是税务师吗?怎么变成了律师、券商、会计师了呢?

好一个角色大反转。

不明觉厉,细思极恐,活脱脱一部"剧本杀"。

向产业链前后端进发,打造"税务+产业"的社会价值高地

以岭药业于2019年4月25日发布公告,披露下属多家主体从事中药材养殖、种植、初加工业务,享受了自产农产品增值税免税及初级加工所得税免征等优惠。

1. 销售自产中药饮片可免征增值税。

根据《国务院关于废止〈中华人民共和国营业税暂行条例〉和修改〈中华人民共和国增值税暂行条例〉的决定》(中华人民共和国国务院令第691号)修订的《中华人民共和国增值税暂行条例》第十五条规定:"下列项目免征增值税:(一)农业生产者销售的自产农产品……"

《财政部　国家税务总局关于印发〈农业产品征税范围注释〉的通知》（财税字〔1995〕52号）附件《农业产品征税范围注释》规定："药用植物是指用作中药原药的各种植物的根、茎、皮、叶、花、果实等。利用上述药用植物加工制成的片、丝、块、段等中药饮片，也属于本货物的征税范围。中成药不属于本货物的征税范围。"

2.技术开发、技术转让免征增值税。财税〔2016〕36号附件3规定了四十个项目免征增值税，其中包括：（二十六）纳税人提供技术转让、技术开发和与之相关的技术咨询、技术服务。

3.所得税减免：

1）扬州智汇水蛭科技有限公司：收购加工业务免征所得税。

2）涉县以岭燕赵中药材有限公司：从事中药材种植，免征企业所得税。

3）故城县茂丰农业科技开发有限公司：土元鸡养殖属所得税免征范围。土元收购加工、酸枣加工、榨油业务属农产品初加工范围，免征企业所得税。

4）石家庄以岭中药饮片有限公司：主要从事中药饮片的研究开发、技术咨询、服务转让；中药饮片的生产、销售（净制、切制、蒸制、炒制等），"农产品初加工免征企业所得税"，石家庄以岭中药饮片有限公司中药饮片的生产和销售的普通饮片属所得税免征范围，免征企业所得税。

无独有偶。

好想你曾于2017年4月20日发布2016年年报，披露作为红枣全产业链平台，产品线包括枣夹核桃、红枣脆片、枣片等深加工产品以及坚果类、豆类、谷类、药食同源类产品。

公司在规模扩张的同时，红枣产业链也逐步延伸，由"生产、销售"向"种植、冷藏保鲜、科技研发、生产加工、销售、观光旅游"综合发展。生产基地由河南新郑扩展到河北沧州、新疆若羌、新疆阿克苏，共四个地区，在全国红枣产区自建原料基地8,000余亩，保障原料供应。

其所享税收优惠主要集中在上游产业：

（1）根据《中华人民共和国增值税暂行条例》，公司销售枣等自产农产品可免征增值税；

（2）2008年7月1日，经主管税务机关河南省新郑市地方税务局新村中心税务所批准，依据《中华人民共和国企业所得税法》及实施条例规定，自2008年1月1日起，免征农产品初加工项目的企业所得税。

两家公司都是从单一的生产销售环节，向上游进发，把原材料种植、初加工、精加工、仓储、研发、销售与文创销售等环节全部打通，而在打通的过程中，充分享受了国家相关税收优惠政策。这种方式为企业集团化、产业化发展奠定了基础。同时，强势企业的进驻也给地方经济发展，稳定就业，增加税源带来了很大想象空间。更重要的是，企业可以通过不同经营环节之间的利润分享来控制总体税负。真可谓一举多得，是典型的"税务＋产业"思维。

笔者云，世人常以税务咨询为奇技淫巧，以小智搏大世，故无所不用其极，乃至蝇营狗苟，利欲熏心。殊不知，万事万物，皆有大道。以税务为切入点达成政府、企业、劳动者、资源方四者共赢，创造"税务＋产业"的协同发展方为税务之大道。

研究税务问题的境界有四：

第一重境界：税务＋管理，强调税法适用正确性，侧重具体、细小的政策问题。其创造的是单一环节的"管理价值"，属"狙击手"级别；

第二重境界：税务＋经营，强调政策要服务于经营，侧重从经营环节出发统筹考虑问题。其创造的是单一企业的"经营价值"，属"战术指挥员"级别；

第三重境界：税务＋行业，强调从行业全局高度适用税务政策，灵活运用政策解决行业特色问题，形成行业税务管理的整体规划与运营模式。其创造的是"行业价值"，属于"战役指挥员"级别；

第四重境界：税务＋产业，强调以税务为切入点，有效整合企业、政府、劳动者、资源方四者关系，达到有机结合，合作共赢。其创造的是"社会价值"，属"战略指挥员"级别。

亲爱的读者朋友，你在哪个境界呢？

母子公司关联交易转移利润7.37亿元，定价是否合理？如何证明？

迪阿股份于2021年7月9日发布公告，披露两子公司戴瑞前海（享受前海地区所得税优惠）和深圳唯爱（软件企业享受"两免三减半"、2021年所得税率为12.5%）在2018—2020年报告期内，以发行人营业收入的固定比例向发行人收取服务费累计7.37亿元。

其中：从事综合运营服务的戴瑞前海按照发行人收入的5.50%～7.25%佣金率收取发行人服务费累计3.11亿元；从事广告投放的深圳唯爱按发行人收入的10.00%～11.00%收取佣金4.26亿元。

两家子公司一个享受前海15%所得税优惠，另一个享受软件企业所得税优惠政策。利用服务费将利润转至子公司肯定是题中应有之意。这种关联企业之间转移利润并不鲜见。是不是避税，任何人说了都不算。税务争议，解决之道全在证据。迪阿股份的工作做得非常到位。

根据《国家税务总局关于完善关联申报和同期资料管理有关事项的公告》（国家税务总局公告2016年第42号）：关联交易主要包括：……（五）劳务交易。劳务包括市场调查、营销策划、代理、设计、咨询、行政管理、技术服务、合约研发、维修、法律服务、财务管理、审计、招聘、培训、集中采购等。

很显然，迪阿股份与其子公司的关联交易属于这个范围之内。为了证明自己不是恶意转移利润，迪阿股份功课做得很足，可以为其他企业做类似业务提供参考。

《1-1招股说明书（注册稿）（迪阿股份有限公司）》详细披露如下：

6.交易定价计算过程与定价依据

（1）戴瑞前海和深圳唯爱向发行人收费的具体计算过程。根据发行人与戴瑞前海签订的合作协议，报告期内戴瑞前海按照发行人营业收入的5.5%～7.25%收取服务费（不含税价格），由于前期戴瑞前海需要进行大量的准备工作，因此在服务初期采用较高的服务费率（7.25%），当服务进入成熟阶段则开始转用较低的服务费率（5.5%）。2018年至2020年，戴瑞前海收取的服务费金额分别为8,155.18万元、9,876.52万元和13,023.05万元。

根据发行人与深圳唯爱签订的合作协议，报告期内，深圳唯爱按照发行人营业收入的10.00%～11.00%收取服务费（不含税价格），由于前期深圳唯爱需要进行大量的准备工作，因此在服务初期采用较高的服务费率（11.00%），当服务进入成熟阶段则开始转用较低的服务费率（10.00%）。对于深圳唯爱2018年为发行人提供的广告投放收入，深圳唯爱向发行人收取费用的金额为广告发布费用及相关税费。2018年至2020年，深圳唯爱收取的服务费金额分别为2,380.42万元、16,591.49万元和23,679.36万元。

（2）定价的具体依据、定价的合理性、公允性

发行人根据转让定价法规，在参考安永（中国）企业咨询有限公司专业意见的基础上，准备了《2019年度转让定价同期资料本地文档》，该本地文档关于交易定价记录的主要内容如下：发行人遵循独立交易原则，参考市场同类服务的交易价格及子公司戴瑞前海及深圳唯爱实际提供的服务、承担的风险及价值的贡献分别确定交易的定价，按发行人总部销售收入的一定比例（戴瑞前海：5.50%～7.25%；深圳唯爱：10.00%～11.00%）分别确定支付子公司的服务费。由于发行人不存在与第三方有任何与上述描述相同或类似的交易，因此发行人采用可比非受控价格法，即参考非关联公司之间进行的，与上述描述的交易相同或类似业务活动所收取的价格作为与子公司交易的公平成交价格。采用可比非受控价格法测试的具体过程如下：

①搜索外部数据库中有关类型及条款与上述描述的交易类似的可比协议，可比协议的来源为Securities and Exchange Royalty里不同行业的上市公司文档。

②筛选若干条件（包括协议类型、协议产品、支付方式、是否提供了足够信息等）以确定可以参考的可比协议。

具体而言，搜索与戴瑞前海同类型的服务协议的过程如下：A筛选付款类型：仅选择以佣金形式付款的协议，并剔除有保密付款条款的协议。B人工

筛选，包含以下筛选标准：协议的类型为不可比，协议的产品不可比，协议的支付方式不可比，协议没有足够的信息，重复的协议或关联交易协议等。基于以上筛选步骤，最终选定了16份可比协议。

搜索与深圳唯爱同类型的服务协议的过程如下：A筛选：与深圳唯爱提供服务及产品类型类似的可比协议；B人工筛选，包含以下筛选标准：协议的类型为不可比，协议的产品不可比，协议的支付方式不可比，协议没有足够的信息，重复的协议或关联交易协议等。基于以上筛选步骤，最终选定了8份可比协议。

③按可以参考的可比协议统计第三方企业在类似的条件下从事同类或类似的业务时的服务费率。

根据分析，第三方企业在类似的条件下从事综合运营服务时，其佣金费率介于4.00%到7.25%，中位值为5.50%；第三方企业在类似的条件下从事技术服务时，其佣金费率介于10.00%到14.94%，中位值为11.00%。报告期内，发行人子公司戴瑞前海及深圳唯爱的服务费率均在上述区间内，交易服务费率整体处于可比协议四分位区间内，交易定价具有合理性、公允性。

总结一下：
1. 集团内企业之间通过"服务平台"将利润转移至低税率主体是常见方式；
2. 收取服务费通常是按营业收入的一定比例；
3. 交易额达到一定程度，要按6号公告规定提供同期资料；
4. 交易额度根据不同交易内容而定。

20亿关联交易，不存在转移税负？

振华新材于2021年6月4日发布法律意见书披露：2018—2021年一季度，子公司义龙新材与贵阳新材之间关联交易总额达208,374.63万元。

公告同时还披露了关联交易的具体内容：

第三部分 采购战略

销售方	采购方	交易内容	交易原因	交易额（万元）				定价机制	资金流转情况
				2021年1-3月	2020年	2019年	2018年		
义龙新材	贵阳新材	三元正极材料	贵阳新材产能不足，向义龙新材采购三元正极材料	225.65	—	132,472.56	65,934.82	参照同期对客户销售价格下浮5%或0.5万元/吨左右	子公司之间签订交易合同，已以现金方式及时支付，资金或承兑票据已流转
义龙新材	贵阳新材	加工三元正极材料	贵阳新材产能不足，由义龙新材提供委托加工服务	2,329.12	—	—	3,927.61	参照同期对客户报价中单位加工价格下调0.3万元/吨左右	
义龙新材	贵阳新材	碳酸锂	对各子公司产量统一安排，义龙新材向贵阳新材销售部分碳酸锂	—	1,451.04	—	1,176.92	参照原材料购置成本及运费协商确定价格	
义龙新材	贵阳新材	设备	根据各子公司设备情况统一安排，义龙新材向贵阳新材销售混料机等设备	—	8.26	262.21	—	参照设备账面价值协商确定价格	
贵阳新材	义龙新材	镍6系三元正极材料及前驱体	根据各子公司产量统一安排，由贵阳新材向义龙新材销售部分镍6系三元正极材料及前驱体	—	125.44	421.33	—	参照对客户销售价格下浮5%或0.5万元/吨	
贵阳新材	义龙新材	设备	根据各子公司设备情况统一安排，贵阳新材向义龙新材销售粒度仪等设备	—	—	39.67	—	参照设备账面价值协商确定价格	
合计							208,374.63		

从披露的内容上看，关联交易的业务流大多是从义龙新材卖给贵阳新材，而且，"根据首轮问询问题4的回复，发行人母公司仅7名员工，发行人持有2家全资子公司贵阳新材、义龙新材股权。从子公司分红情况看，报告期内仅2019年4月3日，由子公司贵阳新材向发行人分红1.13亿元。从经营管控看，两家子公司的研发、采购、生产、销售、日常管理等关键部门均为一套班子，均向发行人总经理汇报工作，日常经营管理重大事项均由发行人总经理审批。发行人总会计师同时担任子公司贵阳新材及义龙新材的总会计师。"

也就是说，会有相当一部分利润留在义龙新材。这种交易结构极易让人联想到双方是在转移利润避税。所以证监会在问询函中明确要求请发行人说明母子公司之间是否存在内部交易，如有，说明交易具体内容、原因、定价机制及公允性、资金流转情况，是否利用内部转移定价进行税务筹划。

问询函刀刀见血，回复函竟然云淡风轻："报告期内，子公司贵阳新材及义龙新材均适用15%的企业所得税优惠税率，企业所得税率保持一致，不存在利用内部转移定价进行税务筹划的情形。且根据发行人及子公司所属税收主管机关出具的证明文件，报告期内发行人及子公司依法申报纳税，不存在受到相关税务主管机关重大处罚的情形。"

税率均为15%就不存在转移利润情形了？显然不是这样的。

税率虽然一样，但如果义龙新材有巨额亏损呢？如果义龙新材所在地有地方政府奖励呢？如果义龙新材所在地有其他各类政府补偿呢？你可能会问，当地税务机关不是出具证明文件了吗？难道税务机关也会说谎？

税务机关的证明是这样的："所属税收主管机关出具的证明文件，报告期内发行人及子公司依法申报纳税，不存在受到相关税务主管机关重大处罚的情形。"

各位看官看懂了吗？税务局说的是依法申报纳税，不存在重大处罚，人家可没说有没有转移利润，有没有享受优惠！

通过查询天眼查数据发现，义龙新材注册在贵州省黔西南布依族苗族自治州安龙县！这可是税收优惠政策非常集中的地区哟！

这就是江湖上流传的避税神技——选址节约！

所以说，税率相同，并不能证明不存在转移税负税收筹划。所以税务总局在《国家税务总局关于发布〈特别纳税调查调整及相互协商程序管理办法〉的公告》（国家税务总局公告2017年第6号）中明确：

第四条　税务机关实施特别纳税调查，应当重点关注具有以下风险特征的企业：

（一）关联交易金额较大或者类型较多；

（二）存在长期亏损、微利或者跳跃性盈利；

（三）低于同行业利润水平；

（四）利润水平与其所承担的功能风险不相匹配，或者分享的收益与分摊的成本不相配比；

（五）与低税国家（地区）关联方发生关联交易；

（六）未按照规定进行关联申报或者准备同期资料；

（七）从其关联方接受的债权性投资与权益性投资的比例超过规定标准；

（八）由居民企业，或者由居民企业和中国居民控制的设立在实际税负低于12.5%的国家（地区）的企业，并非由于合理的经营需要而对利润不作分配或者减少分配；

（九）实施其他不具有合理商业目的的税收筹划或者安排。

看看，哪有一条说了税率问题了？

瞒天过海，利润是怎样转移到个人独资企业的

假如你的公司股东众多，很多人根本不受你控制，那么，你是想把公司利润做实，之后和大家共享财富，还是把利润挪到公司以外独占呢？

你可能产生过后面的想法。

那么，怎么把利润倒出来呢？我们来看看天津戴卡。

"天津戴卡和广州戴得虽然受同一自然人控制,但天津戴卡还有其他外部股东,内部制度较多,流程较为复杂,部分事务处理效率较低,通过贸易企业方便费用支出。"

"报告期,与发行人进行结算的五家贸易企业,是天津戴卡及其股东出于税务筹划及内部经营管理等需要专门设立,仅与发行人开展业务,发行人为相关贸易企业唯一的供应商,天津戴卡为其唯一的客户。个人独资企业在一定贸易规模下所得税可以核定征收,为控制单个企业的交易额度,因此在一个会计年度内存在同时指定多个贸易企业与发行人结算的情况。"

以上内容出自金钟股份2021年3月23日发布的公告。公告披露发行人金钟股份与天津戴卡有超过十五年的合作历史。报告期内,金钟股份向天津戴卡指定的设立在上海的5家贸易企业进行结算,包括上海杰康贸易商行、上海濠苑贸易商行、上海瑜珩贸易商行、上海贵濠贸易商行、上海庭灏贸易商行,该等上海贸易企业日常经营管理由天津戴卡负责且仅与金钟股份开展业务。

金钟股份发布这个公告本意是说明其与天津戴卡间不存在潜在的利益输送,却无意之中泄漏了一个秘密——天津戴卡本来可以直接向金钟股份采购,但是它没有这样做,而是在中间加了一个夹层——个人独资企业!从业务流上看,是由金钟股份先卖给个人独资企业,再由个人独资企业加价转卖给天津戴卡。这样,大部分利润就留在了个人独资企业。个人独资企业开具了增值税专用发票后,一方面可以抵扣增值税,另一方面没有企业所得税,仅有的个人所得税还在嘉定、崇明这样的税收洼地享受了核定征收优惠。

天津戴卡的利润就这样转移到了五家个人独资企业身上,并且以极低税负成功套现!唯一没想到的可能就是被它的上市公司兄弟用公告的方式泄露了"天机"。

其实这种操作手段我们并不陌生,社会上诸多"税筹大师"都在推广个人独资企业核定征收。一招鲜,吃遍天,不论是股东分红,还是采购无票,抑或高管个税,一个个独核定征收全都能解决。其实就是低税负套现之后的现金支付。天津戴卡至少还有真实业务支撑，"大师"们的业务就不好说了，搞不好又是什么"咨询服务"之类。

不过，金钟股份在公告后半部分却匪夷所思地披露，它竟然开始整改了！

"2021年1月30日，发行人与天津戴卡签订《合作协议》约定：协议自签署之日生效，自协议生效之日起，发行人发出的合作范围内产品直接与天津戴卡开票结算；对于发行人2020年12月向天津戴卡发货的产品，发行人已于2021年2月向天津戴卡直接开票，后续将由天津戴卡直接向公司支付货款，自2020年12月起的所有发货将按照整改后的业务模式进行开票结算。因此，公司已切实对与天津戴卡的业务模式进行整改，相关整改措施的实施效果良好。"

是什么原因让其如此迅速地"改邪归正"了呢？毕竟之前的交易方式也不能算完全意义上的违规。是良心发现还是迫不得已？笔者看来不外乎两个原因，一个是交易所的问询的确不能不重视，但这不是根本原因。根本原因还是下面这个。

2021年年初，中共中央办公厅、国务院办公厅印发的《关于进一步深化税收征管改革的意见》中明确提出：加强重点领域风险防控和监管。对逃避税问题多发的行业、地区和人群，根据税收风险适当提高"双随机、一公开"抽查比例。对隐瞒收入、虚列成本、转移利润以及利用"税收洼地""阴阳合同"和关联交易等逃避税行为，加强预防性制度建设，加大依法防控和监督检查力度。

在这一强力文件的威慑下，上海等地率先取消了个独核定政策。

而国家税务总局稽查局也将"利用税收洼地和关联交易恶意税收筹划以及利用新型经营模式逃避税等涉税违法行为"作为2021年的稽查重点。个独核定的漏洞开始被堵上了。

第四部分

营销战略

"海天味业"与"加工平台":高端的食材往往只需要最朴素的烹饪方式

人们总觉得税负规划是一门玄而又玄的学问,各路大师口若悬河,税就少了。其实这是没弄懂其中的道理。

我们在多篇文章中提到过税负规划的基本方法,即"功能拆分、选址节约、协议控制、转让定价"。对于一般企业来说,可以拆分出的平台公司大概有12种,今天我们就来看其中的一种——加工平台。

海天味业2017年8月15日发布2017年半年度报告披露:

本公司及各子公司本期间适用的所得税税率如下:

公司名称	注	自2017年1月1日至2017年6月30日止期间	自2016年1月1日至2016年6月30日止期间
本公司	(a)	25%	25%
佛山市海天(高明)调味食品有限公司(以下简称"高明海天")	(b)	15%	15%
兴兆环球投资有限公司(以下简称"兴兆环球")	(c)	25%	25%
广东广中皇食品有限公司(以下简称"广东广中皇")	(a)	25%	25%
佛山市海天(江苏)调味食品有限公司(以下简称"江苏海天")	(a)	25%	25%
佛山市海盛食品有限公司(以下简称"佛山海盛")	(a)	25%	25%
深圳前海天益贸易有限公司(以下简称"前海天益")	(a)	25%	25%

续表

公司名称	注	自2017年1月1日至2017年6月30日止期间	自2016年1月1日至2016年6月30日止期间
广东小康物流有限公司（以下简称"小康物流"）	(a)	25%	25%
广东小康科技有限公司（以下简称"小康科技"）	(a)	25%	25%

在一连串25%税率当中，高明海天的15%显得那么鹤立鸡群。

集团内税负最低的环节必然成为整个集团税负控制的"节税阀"。理论上来讲，整个集团的利润应该全部向高明海天倾斜。那么，海天味业的表现是怎样的呢？我们接着往下看：

关联方	关联交易内容	自2017年1月1日至2017年6月30日止期间 金额	自2016年1月1日至2016年6月30日止期间 金额
关键管理人员	劳务薪酬	9,836,794.65	7,746,300.80
高明海天	本公司向其购买产成品及半成品	6,189,389,841.20	5,037,180,973.23
高明海天	本公司向其购买原材料及包装物	299,802.42	1,690,022.78
高明海天	本公司向其销售原材料及包装物	356,477.42	—
高明海天	本公司向其销售产成品	145,362.90	200,495.96
高明海天	本公司向其预付货款	—	25,863.92
高明海天	往来资金净流入（注2）	551,379.06	2,301,000,000.00
高明海天	本公司从其收到股利	—	1,540,000,000.00
广东广中皇	本公司向其购买产成品及半成品	8,164,517.46	4,521,857.90
广东广中皇	本公司向其销售产成品及备品备件	127,444.80	—
江苏海天	本公司向其销售产成品及备品备件	170.90	18,986,770.06
江苏海天	本公司向其购买产成品及半成品	151,210,430.10	—
江苏海天	本公司向其预付货款	20,000,000.00	—
江苏海天	往来资金净流出（注2）	—	120,000,000.00

续表

关联方	关联交易内容	自2017年1月1日至2017年6月30日止期间 金额	自2016年1月1日至2016年6月30日止期间 金额
佛山海盛	往来资金净流出（注2）	—	30,000,000.00
前海天益	往来资金净流出（注2）	—	10,000.00
兴兆环球	往来资金净（流出）/流入（注2）	（360,000,000.00）	660,000,000.00
天原房地产	收取房屋租赁费	8,400.00	8,200.00
佛山海鹏	收取房屋租赁费	8,400.00	8,400.00
天原房地产	支付办公场所租赁费	1,257,945.12	1,257,945.12

注1：上述与关联方进行的交易是按一般正常商业条款或按相关协议进行，其涉及购销的定价政策主要依照成本加一定合理利润率作出。

仅2017年上半年，母公司海天味业向高明海天采购产品及半成品金额达61.89亿元，而上半年海天味业合并口径主营业务收入为71.68亿元。

很明显，高明海天以其较低的企业所得税率而成为集团的"加工平台"，从而间接让几乎整个集团都享受到了15%的低税率。

高端的食材，往往只需要最朴素的烹饪方式，海天味业对加工平台的使用，好比白灼手法，配上2种辅料：

第一，分红：公告披露，2016年上半年，母公司曾收到高明海天股利款15.4亿元。利润就这样从高明海天转了一圈又回到了海天味业身上。

第二，定价：如此巨额的关联交易，必然受到税务机关的关注，海天味业采用的是"成本+合理利润率"，也即"成本加成法"。至于"合理利润率"是多少，那就仁者见仁啦。

功能拆分——加工平台

选址节约——高明海天

协议控制———般正常商业条款

转让定价——成本加成

教科书般经典，大道至简！

最后，总结一下：

1.税负规划，并没有想象中那么神秘，它就在你身边；

2.越是重要的税负规划事项，越要用简单的方式进行。越是高端的食材，往往只需要最朴素的烹饪方式。税负规划方案，唯"简"不破；

3."加工平台"配上"利润分回"+"定价策略"，效果显著。

从中国黄金的公告看上市公司管理税负时的四大注意事项

中国黄金于2021年1月19日发布招股意向书附录，披露公司下属有9家全资子公司和2家控股子公司，仅中金珠宝昆明（全资子公司）企业所得税执行西部大开发优惠税率——依据昆发改规划〔2017〕556号，自2016年1月1日起享受15%的所得税税率优惠政策。公司称，中金珠宝昆明的主营业务为店面零售、大客户金条批发、原料金批发，符合《产业结构调整指导目录》"鼓励类"第三十三项"商贸服务业"第5款"商贸企业的统一配送和分销网络建设"，目前的业务实质与税收优惠政策相符，不存在转移定价被处罚的风险。

笔者认为，这是一个非常优秀的税负管理案例，因为其几乎满足了现代税负管理体系的全部要求，与业内的很多税收筹划方案相比，更为稳健，颇适合大型上市公司参考。为什么这么说呢？笔者来一一分析。

一、业务拆分环节精准

企业税负管理通常要从9个大经营环节出发，中国黄金正好选择的是其中非常重要的一个环节——营收模式。有很多企业经营的产品毛利比较高，导致税负也相对较高。而采购环节又控制得比较严，所以会以拆分出销售平台公司，并将其注册在税收优惠地区的方式来处理。公司生产的产品首先以低毛利销售给自己的销售公司，再由销售公司对外以市场价格销售。这样，大部分利润就留在了销售公司,从而享受到税收优惠,控制整体税负。

而且中国黄金销售公司的经营内容非常有意思:"公司称,中金珠宝昆明的主营业务为店面零售、大客户金条批发、原料金批发"。大家都知道,店面零售的多为金饰品,卖得再多,一个戒指、一个手镯地卖,销售额终究有限。后边的大客户(多为银行)金条和原料金才是重头戏。换句话说,中国黄金最大的销售就在这个有优惠政策的销售公司里。

二、交易真实性有保证

我们看到很多企业也包括一些上市公司的"筹划",野路子十足,很多情况下都是没有真实业务,胡来的。笔者就见过四处成立个人独资企业,大额开具咨询费发票的情况,实际根本没有业务,这就不是规划,而是虚开了。但中国黄金的业务就不存在这个问题,因为它是真的把一部分销售业务放在了昆明。这就保证了交易的真实性,避免了隐藏的风险。

三、适用政策层级较高

在选择税收优惠地点时还是有很多讲究的,我国的税收优惠政策一般分为五层。中国黄金选择的是西部大开发优惠,这属于第四层,即中央政府层面的优惠政策。其优点是合法性好,稳定性高。对于上市公司来说,这是非常重要的。而有些地方性优惠政策虽然节税效果更好些,但是合规性、稳定性就差了很多。从上市公司角度来说,税收优惠层级当然是越高越好。

四、税负管理目标适当

笔者看到很多失败的税收筹划案例,都有一个共同特点,就是太过于贪心。把销售公司放在新疆霍尔果斯,企业所得税"五免五减半",销售额动辄过亿,但是成本、费用均为0。这种明显不合理的情况,企业自己看了都不信,难道当税务机关傻吗?税负管理的终极目标应该是最"优",而不是税负最"低"。因为最低往往意味着风险也大。而从中国黄金的公告看,它只有昆明这一个公司享受了优惠,其他公司均为25%所得税税率。可见,该公司的管理层在这个问题上还是很清醒的。控制税负，不仅要合法，而且要合理。

最后，总结一下。作为上市公司，规范性要求非常高，在做税负管理时，一定要重点关注四大问题：

1. 业务拆分环节合理；
2. 交易真实性有保证；
3. 选择较高层级政策；
4. 税负管理目标适当。

增值税"直接免征"还是"直接减免"会计处理大不相同，上市公司多年争议终明确

我们先来看一个公告：

北摩高科于2020年4月15日发布招股书，披露公司销售符合条件的军工产品，经主管税务机关批准后采取退税或抵税的方式予以免征相应的增值税额。

报告期内，公司其他收益全部为增值税退税和政府补助。2017年起，根据财政部印发的《关于印发修订〈企业会计准则第16号——政府补助〉的通知》（财会〔2017〕15号），公司对当期政府补助和增值税退税进行了调整，将符合新规的增值税退税调整至其他收益科目披露。故政府补助和增值税退税从2017年开始在其他收益中核算。

公告的内容很明确，企业销售军品，按相关规定免征增值税，政策出台比较晚，已经缴纳的增值税可以退税。企业将这部分多缴的增值税计入了"其他收益"。这个公告实际上引出了笔者一直以来对增值税直接减免会计处理的疑惑。实际上，增值税直接减免有2种可能性。

第一种是业务发生时并不知道是否可以减免的情形。比如说增值税小规模纳税人，季度销售收入小于45万元免征增值税。在季度内，企业发生每笔

收入时,并不知道当季是否会超过45万元,当然也不知道是否能够减免增值税。所以,在做会计处理时,首先考虑价税分离,把"应交税费-应交增值税"先预提出来。待到月底一看,果然不到45万元,增值税是减免的,再将计提的"应交税费-应交增值税"转入"其他收益"科目。本案中的上市公司北摩高科显然不是这种情况。

第二种是业务发生当时就知道可以减免的情形。假设北摩高科一开始就知道自己销售军工产品是免征增值税的,那么,它采购时取得的进项增值税当时就是不能抵扣的,而是直接价税合计进入库存。那么,在会计上计收入时,还是否需要价税分离,单独计提"应交税费-应交增值税(销项税额)"呢?如果计提,实际上是没有进项与其匹配的,进到"其他收益"里的就是全额的销项税额,这显然是不合理的。因为这会人为地虚增"其他收益"从而减少"主营业务收入",虽然最后并不影响企业营业利润总额,但是明显少记"主营业务收入"对企业在估值、融资甚至股价方面都有不利影响。上市公司显然并不喜欢这样的处理方式,但是不这样处理于会计准则又无法交待。这明显就是会计处理规定导致的问题。

幸运的是,在社会各界的呼吁下,财政部在一个答复中一改往日口径,首次将增值税减免的会计处理区分成两种情况对待:

对于当期"直接免征"的增值税,企业无需进行账务处理,对于当期"直接减免"的增值税,企业应当根据《增值税会计处理规定》(财税〔2016〕22号)的相关规定进行会计处理,借记"应交税金-应交增值税(减免税款)"科目,贷记"其他收益"科目。

这个答复与我们前述分析的观点就比较一致了,对于第一种情况,属于"直接减免",这个当然要计入"其他收益"。而北摩高科属于"直接免征",计提收入时知道会免税,所以并不用进行价税分离,而是全部计入"主营业务收入",当然就不用再弄什么"其他收益"了。这样一来,全部收入归入"主营业务收入",再也不用担心你的融资和估值问题啦。

三个上市公司公告对比，看看"实质经营"如何掌握

随着国内税收优惠地越来越多，利用"税收洼地"避税现象也越来越多。监管层对这种事情也是看在眼里，急在心里。毕竟这种貌似"合法"的避税方式在某种程度上已经侵蚀了税基，扰乱了正常的征管秩序。在2021年出台的几个重要税收征管文件中，监管层下了很大的力度整治这种打"擦边球"的行为。

2021年年初，中共中央办公厅、国务院办公厅印发的《关于进一步深化税收征管改革的意见》中明确指出：对隐瞒收入、虚列成本、转移利润以及利用"税收洼地"、"阴阳合同"和关联交易等逃避税行为，加强预防性制度建设，加大依法防控和监督检查力度。

之后是国家税务总局在年度稽查工作意见中指出：重点查处虚开（及接受虚开）发票、隐瞒收入、虚列成本、利用"税收洼地"和关联交易恶意税收筹划以及利用新型经营模式逃避税等涉税违法行为。

两个重要文件精神均提到"税收洼地"，同时，"恶意税收筹划"概念也首次被提出。我们先来看一个上市公司公告：

四方新材于2021年2月18日发布招股意向书附录，披露公司接受非关联方朱明控制的公司（主要从事河砂等建材贸易活动、自2010年起即开始合作）通过不同主体供应河砂。招股书中披露勇梦建材为报告期内河砂第一大供应商（发行人与朱明所控制的公司，勇梦建材为合作公司之一），在招股说明书中对朱明所控制公司的采购金额进行合并计算并以勇梦建材名义披露。

公司披露原因系朱明控制河砂贸易企业享受当地招商引资税收优惠，这些公司均注册在重庆市潼南区（原潼南县）、不需要具备特殊资质，亦无生产设备、人员等要求。根据潼南县人民政府《潼南县招商引资优惠政策》（潼南府发〔2012〕18号）："三、财税政策……（一）增值税。投资项目自纳税年度起，3年内缴纳增值税县级分成部分的50%安排给企业，用于企业扩大再生产。（二）所得税。投资项目自纳税年度起，缴纳企业所得税的县级分成部

分，第1～3年按100%安排给企业，第4～5年按50%安排给企业，用于企业扩大再生产"。

公告中上市公司四方新材的重要原材料是河砂。众所周知，河砂这种产品根本就没有发票，这是多年以来的痼疾，基本就是无解的问题。对于上市公司来说，原材料成本根本就没有发票，莫说税务问题，就是财务上也是没法交代的，所以必须解决发票问题。怎么办？

成立"采购平台"！

所有河砂的对外采购全部由"采购平台"完成，并全部卖给上市公司。这样一来，上市公司有了成本发票，而且保证发票安全。所有矛盾被下移到"采购平台"，而采购平台享受了重庆当地的税收优惠政策，虽然多交了税，但是可以享受一部分优惠政策。

问题是，原潼南县就是"税收洼地"，上市公司和采购平台就是关联交易，请问，这算不算"恶意避税"？

再来看第二个公告：

中国黄金于2021年内1月19日发布招股意向书附录，披露公司下属有9家全资子公司和2家控股子公司，仅中金珠宝昆明（全资子公司）企业所得税执行西部大开发优惠税率——依据昆发改规划〔2017〕556号，自2016年1月1日起享受15%的所得税税率优惠政策。公司称，中金珠宝昆明的主营业务为店面零售、大客户金条批发、原料金批发，符合《产业结构调整指导目录》"鼓励类"第三十三项"商贸服务业"第5款"商贸企业的统一配送和分销网络建设"，目前的业务实质与税收优惠政策相符，不存在转移定价被处罚的风险。

中国黄金的做法正相反，是把"销售平台"放在了昆明这个"税收洼地"，请问，这算不算"恶意避税"？

这就涉及认定"恶意避税"的根本点——实质经营！

究竟何为实质经营呢？海南自由贸易港政策的表述恐怕最为具体。《关于海南自由贸易港鼓励类产业企业实质性运营有关问题的公告》中明确了注册在自贸港的居民企业，从事鼓励类产业项目，并且在自贸港之外未设立分支机构的，其实质性运营问题。

第一，对注册在自贸港的居民企业，在自贸港之外未设立分支机构的，其在自贸港应同时具备生产经营、人员、账务、资产等四要素，才属于在自贸港实质性运营。

第二，上述四要素中，生产经营在自贸港，是指居民企业在自贸港有固定生产经营场所，且主要生产经营地点在自贸港或者对生产经营实施实质性全面管理和控制的机构在自贸港；

人员在自贸港，是指居民企业有满足生产经营需要的从业人员在自贸港工作，且与居民企业签订1年以上劳动合同或聘用协议；

账务在自贸港，是指居民企业的会计凭证、会计账簿、财务报告等会计档案资料存放在自贸港，居民企业的主要银行结算账户开立在自贸港；

资产在自贸港，是指居民企业拥有资产所有权或使用权并实际使用的资产在自贸港，且与企业的生产经营相匹配。

第三，对注册在自贸港的居民企业，在自贸港之外未设立分支机构的，只要上述四要素中任意一项不在自贸港，则不属于实质性运营。

判断是否构成"实质经营"就看这四个点是不是在"税收洼地"，总结起来，共三十二字：

经营场所关键机构；

经营人员一年合同；

会计档案银行账户；

资产权属匹配经营。

建议公司应该对比一下这个文件，相应做好各项内容的准备工作，有备无患。

为了享受税收优惠，上市公司也是拼了

众所周知，上市公司面临的财务与税务监管是非常严格的，除了税务局关注度高外，证监会和交易所也是时常问询。税务筹划是所有企业必然面对的问题，上市公司也不例外。相较非上市公司，上市公司没有那么多腾挪的空间，只能将眼光紧紧盯住各级税收优惠政策。为了享受到这些优惠政策，上市公司也是拼了，上演了一幕幕"精彩"剧情。

"天生丽质"型

有些上市公司从事的行业天生就是可以享受税收优惠的。比如春雪食品2021年9月14日发布招股意向书附录披露：

发行人子公司春雪养殖的生产模式为"公司+农户"，销售商品代肉鸡属于农业生产者销售自产农产品，根据2008年1月1日开始实行的《中华人民共和国企业所得税法》和《中华人民共和国企业所得税法实施条例》的规定，春雪养殖家禽饲养收入免征企业所得税；根据财政部、国家税务总局《关于发布享受企业所得税优惠政策的农产品初加工范围（试行）的通知》（财税〔2008〕149号）的相关规定，春雪食品生鲜品鸡肉的生产属于肉类初加工范畴，免征企业所得税。

报告期内，公司享受的所得税优惠金额分别为1,341.90万元、1,976.99万元和1,797.70万元，享受的企业所得税优惠占当年净利润的比例分别为18.65%、20.27%和12.11%。发行人的经营成果对税收优惠政策不存在严重依赖。

"天生丽质"，真真羡煞人也。

"运筹帷幄"型

相比之下，大多数企业是无法直接享受相关优惠政策的，但我们必须承认，有些上市公司在这方面的确做得非常到位，比如中国黄金。

中国黄金于2021年1月19日发布招股意向书附录，披露公司下属有9家全资子公司和2家控股子公司，仅中金珠宝昆明（全资子公司）企业所得税执行西部大开发优惠税率——依据昆发改规划〔2017〕556号，自2016年1月1日起享受15%的所得税税率优惠政策。公司称，中金珠宝昆明的主营业务为店面零售、大客户金条批发、原料金批发，符合《产业结构调整指导目录》"鼓励类"第三十三项"商贸服务业"第5款"商贸企业的统一配送和分销网络建设"，目前的业务实质与税收优惠政策相符，不存在转移定价被处罚的风险。

个人认为，这是一个非常优秀的税负管理案例，因为其几乎满足了现代税负管理体系的全部要求，与业内的很多税收筹划方案相比，更为稳健，颇适合大型上市公司参考。

它的优点主要是以下几点：

1.业务拆分环节合理；2.交易真实性有保证；3.选择较高层级政策；4.税负管理目标适当。

"闪转腾挪"型

相较于中国黄金的"云淡风轻"，天准科技就有点"急切"了。证监会同意注册的第三家科创板企业天准科技，2020年近1亿元的税前利润，只有300多万元的所得税。公司是如何做到的呢？

通过公开信息分析，天准科技把几乎所有员工的工资都计入了研发费用，以享受加计扣除优惠。即便是这样，其应缴增值税也要达到800万元左右，那么剩下500万元左右的差异又是如何产生的呢？

这个问题的起源在于天准科技的一个下属全资子公司——龙园软件。

龙园软件于2017年5月20日取得《软件企业认定证书》，证书编号：苏RQ-2017-E0025，自2017年1月1日起至2018年12月31日止免缴企业所得税，自2019年1月1日起至2021年12月31日止减半计缴企业所得税。

龙山软件于2013年11月4日取得《软件企业认定证书》，证书编号苏R-2013-E0101，自2013年1月1日起至2014年12月31日止免缴企业所得税，自2015年1月1日起至2017年12月31日止减半缴企业所得税，自2018年1月1日起公司企业所得税率为25%。

龙园软件在2017年被评定为软件企业，因此，这个公司在2017年和2018年免交企业所得税！

同时，公司还有另外一个全资子公司——龙山软件。龙山软件2013年被认定为软件企业，到2018年不再有税收优惠，税率将变为25%。

公司成立两个软件公司来进行软件开发的目的是什么呢？神奇的是，这两个软件公司在享受税收优惠上基本实现了无缝衔接。

龙园软件在2018年（公司只披露2018年）净利润3,886万元，占公司合并报表净利润的41%。公司并没有直接对外销售软件，全部通过内部销售实现收入。

也就是说，天准科技实现9,400多万元净利润，其中龙园软件3,886万元。由于龙园软件在2018年免交企业所得税，从而为公司节税583万元（按15%税率计算）。

闪转腾挪，一个字，服！

"无中生有"型

好吧，天目湖至少还是有政策依据的。下边上场这位，要不是亲眼所见，我是万万不敢相信还有这种操作的。

通用技术于2021年9月9日发布公司债募集说明，披露因2012年至2014年期间购买基金等金融资产，对购买时已宣告但未实际发放的分红计入"可供出售金融资产"总额，实际收到红利时计入"投资收益"核算且做纳税调减处理，导致少缴纳企业所得税共计4,425.28万元。2018年9月10日上海浦东新区税务局出具了税务处理决定书（沪浦税处〔2018〕18号），决定昆仑国际贸易有限公司补缴企业所得税共计4,425.28万元。

已宣告但未实际发放的分红计入"可供出售金融资产"总额，实际收到红利计入"投资收益"，还纳税调减处理，这操作有点过分了。

华策影视的半年报解开了对霍尔果斯优惠政策的5个误解

华策影视于2021年8月27日发布半年报披露：2019年为3家设立于新疆的子公司霍尔果斯华策影视有限公司、喀什金溪影视有限公司、霍尔果斯克顿文化传媒有限公司免税第五年，2020年适用了地方留成部分免征的15%优惠税率，2021年起均适用西部大开发税收优惠。

公告	具体事项
《2021年半年报》 （2021-08-27）	子公司霍尔果斯华策影视有限公司、喀什金溪影视有限公司、霍尔果斯克顿文化传媒有限公司、西安佳韵社数字娱乐发行股份有限公司主营业务符合《产业结构调整指导目录（2011年本）》中鼓励类企业标准，属于设在西部地区的鼓励类产业企业，根据财政部、海关总署、国家税务总局《关于深入实施西部大开发战略有关税收政策问题的通知》（财税〔2011〕58号）的规定，自2011年1月1日至2020年12月31日，减按15%的税率计缴企业所得税
《2020年年报》 （2021-04-26）	子公司霍尔果斯华策影视有限公司、喀什金溪影视有限公司、霍尔果斯克顿文化传媒有限公司主营业务符合《新疆困难地区重点鼓励发展产业企业所得税优惠目录》中规定的产业项目，根据《关于加快喀什、霍尔果斯经济开发区建设的实施意见》（新政发〔2012〕48号）的规定，自2020年1月1日起至2024年12月31日免征企业所得税地方分享部分

续表

公告	具体事项
《华策影视：向特定对象发行股票并在创业板上市募集说明书（注册稿）》（2020-10-30）	根据财政部、国家税务总局《关于新疆喀什、霍尔果斯两个特殊经济开发区企业所得税优惠政策的通知》（财税〔2011〕112号）的规定，主营业务符合《新疆困难地区重点鼓励发展产业企业所得税优惠目录》中规定的产业项目的公司自2010年1月1日至2020年12月31日，自取得第一笔生产经营收入所属纳税年度起，五年内免缴企业所得税；发行人子公司**霍尔果斯华策影视有限公司、霍尔果斯克顿文化传媒有限公司、霍尔果斯橄榄影业有限公司**、霍尔果斯全景可以传媒有限公司及**喀什金溪影视有限公司**享受上述优惠政策，2019年为霍尔果斯华策影视有限公司、喀什金溪影视有限公司、霍尔果斯克顿文化传媒有限公司**免税第五年**，霍尔果斯全景可以传媒有限公司免税第四年，霍尔果斯橄榄影业有限公司免税第三年

这个公告的意义在于为我们厘清了霍尔果斯优惠政策的5个误解。

误解1：霍尔果斯跟很多税收洼地一样，是地方性税收优惠政策。

我国的税收优惠政策分为5个层次，如下图所示：

海南等先行示范区域优惠政策
现代服务、高新技术、旅游业、离岸架构设计、海外投融资等特殊优惠政策等

全国统一的优惠政策
增值税、所得税下调税率、高新技术企业优惠、研发费加计扣除、特殊行业即征即退、先征后退、加速折旧、疫情特殊优惠政策等

新疆、西藏、广西自治区优惠政策
增值税、所得税财政奖励、核定征收、行业所得税减税免税

长三角产业园区
个独、合伙企业、有限公司、股份公司核定征收、财政奖励、委托代征平台、特殊行业政策配套等

全国各地的地方产业园区
个独、合伙企业核定征收、委托代征平台、特殊行业政策配套等

这5层税收优惠政策体系中的下三层，即"全国各地的地方产业园区""长三角产业园区""新疆、西藏、广西自治区优惠政策"指的均是由以上地区自行出具的税收优惠政策，例如核定征收、财政奖励、地方税收分成减免等，均属于地方行为。

地方行为灵活性虽好，但是稳定性就会差很多。

而霍尔果斯虽然也位于新疆，但其所得税优惠政策则来源于《财政

部　国家税务总局关于新疆喀什、霍尔果斯两个特殊经济开发区企业所得税优惠政策的通知》（财税〔2011〕112号）之规定：

2010年1月1日至2020年12月31日，对在新疆喀什、霍尔果斯两个特殊经济开发区内新办的属于《新疆困难地区重点鼓励发展产业企业所得税优惠目录》范围内的企业，自取得第一笔生产经营收入所属纳税年度起，五年内免征企业所得税。

也就是说，霍尔果斯的优惠政策是财政部和税务总局联合下发的，属于"全国统一优惠政策"。有了财政部、税务总局的加持，霍尔果斯优惠政策本身的稳定性和权威性就不可动摇了。

高层级、高优惠、高稳定。这"三高"使得霍尔果斯受到了大量上市公司的青睐。

误解2：霍尔果斯优惠政策停止执行了。

霍尔果斯优惠政策自出台起就受到了业界的大量关注，尤其是2018年还出现过审计风暴。所以多次传闻其已经停止执行。实际上，2021年下发的《财政部　税务总局关于新疆困难地区及喀什、霍尔果斯两个特殊经济开发区新办企业所得税优惠政策的通知》（财税〔2021〕27号）明确：

2021年1月1日至2030年12月31日，对在新疆喀什、霍尔果斯两个特殊经济开发区内新办的属于《新疆困难地区重点鼓励发展产业企业所得税优惠目录》范围内的企业，自取得第一笔生产经营收入所属纳税年度起，五年内免征企业所得税。

误解3：新疆只有霍尔果斯有这样的税收优惠。

事实上，从财税〔2011〕112号文件下发伊始，就不只是霍尔果斯适用，喀什也同样在名单当中。只不过霍尔果斯名声在外而已。而在2021年下发的财税〔2021〕27号除了延续了两个地区优惠政策外，还附加了一条：

2021年1月1日至2030年12月31日，对在新疆困难地区新办的属于《新疆困难地区重点鼓励发展产业企业所得税优惠目录》范围内的企业，自取得第一笔生产经营收入所属纳税年度起，第一年至第二年免征企业所得税，第三年至第五年减半征收企业所得税。

那么这些"困难地区"是哪里呢？请看下图：

省名	地市名	县（县级市）名
新疆维吾尔自治区（24）	克孜勒苏柯尔克孜自治州	阿图什市、阿克陶县、阿合奇县、乌恰县
	喀什地区	喀什市、疏附县、疏勒县、英吉沙县、泽普县、莎车县、叶城县、麦盖提县、岳普湖县、伽师县、巴楚县、塔什库尔干塔吉克自治县
	和田地区	和田市、和田县、墨玉县、皮山县、洛浦县、策勒县、于田县、民丰县

误解4：任何类型企业在霍尔果斯都可以免征企业所得税。

相信大家在前文中也已经清晰，并不是所有企业只要到了霍尔果斯和喀什就能免征企业所得税，必须满足"新办的属于《新疆困难地区重点鼓励发展产业企业所得税优惠目录》范围内的企业"才可以。

误解5：只要把收入放在霍尔果斯就可以免征企业所得税。

国家税务总局在2021年度税务稽查重点中明确将利用税收洼地恶意避税作为重点稽查方向。霍尔果斯优惠可以享受，但是千万别忘了"实质运营"这四个字。

医药企业请注意，这是一篇与CSO（服务平台）合作的教科书般的公告

许多企业朋友都很头痛一个问题——佣金。

说起佣金，谁又能跟医药行业比呢？

医药企业如何处理佣金问题呢？今天就给大家看一个教科书般的公告。

欧林生物于2021年3月4日发布IPO法律意见书，披露自2017年1月1日至2020年6月30日报告期内发行人第三方推广服务费累计1.6亿元，约占营业收入的44%，公司称，结算模式与销售收入挂钩，符合行业管理要求（附同行业对比）。

第一，在商务层面处理如下。

2019年1月，公司与四川凯瑞终止合作后，公司营销中心直接对接各区域推广商。根据公司与各区域推广商签署的《破伤风疫苗市场推广服务协议》或《Hib结合疫苗市场推广服务协议》（以下合称"《市场推广服务协议》"）的约定，公司在核查其推广活动真实性的基础上，根据其推广数量结算推广服务费。具体计提标准为：疫苗产品中标价格减去公司与推广商约定的结算底价、其他调整项后确定推广服务费金额。其中，公司与区域推广商约定的结算底价指公司与区域推广商签署的《市场推广服务协议》中协商确定的结算底价；疫苗产品中标价格指疫苗产品通过招投标程序进入省级二类疫苗集中采购系统/省级公共资源交易平台的价格；其他调整项包括超额完成任务的奖励、退换货扣除项、部分地区的运费等。公司收到疾控中心客户回款后，核实推广商提交的推广活动资料并取得推广商开具的推广费发票后，经公司层层审核后向推广商支付推广费。

"两票制"[①]以后，医药企业都把过去的"分销式"商业模式改为了"直销式"，也就是由医药公司直接面对客户，每当出现这种"直销式"营销模式，必然要用到"服务平台"，而涉及服务平台，又很难逃出5%佣金比例限制。

---

① "两票制"是指药品生产企业到流通企业开具一次增值税专用发票或者增值税普通发票（以下统称发票），流通企业到医疗机构开具一次发票。

第二，在法务层面处理如下。

一、推广费的计提和支付未违反《疫苗流通和预防接种管理条例》和《疫苗管理法》的规定

2016年4月23日，国务院通过了《关于修改〈疫苗流通和预防接种管理条例〉的决定》（中华人民共和国国务院令第668号），取消了疫苗批发企业，第二类疫苗由省级疾病预防控制机构组织在省级公共资源交易平台集中采购，由县级疾病预防控制机构向疫苗生产企业采购后供应给本行政区域的接种单位。

2016年6月13日，原国家食药监总局、原国家卫生计生委发布《关于贯彻实施新修订〈疫苗流通和预防接种管理条例〉的通知》（食药监药化监〔2016〕74号，下称"食药监药化监〔2016〕74号文"）。食药监药化监〔2016〕74号文规定："自《条例》实施之日起，原疫苗经营企业不得购进疫苗，原疫苗经营企业和疫苗生产企业不得将疫苗销售给疾病预防控制机构以外的单位和个人……原疫苗经营企业在2016年4月25日前已购进的第二类疫苗可继续销售至各级疾病预防控制机构，由其进行供应。原疫苗经营企业2017年1月1日起必须停止疫苗销售活动，向原发证的食品药品监督管理部门申请注销《药品经营许可证》或核减疫苗经营范围。"

《疫苗管理法》（中华人民共和国主席令第30号，2019年12月1日起生效）第三十二条第二款规定："国家免疫规划疫苗以外的其他免疫规划疫苗、非免疫规划疫苗由各省、自治区、直辖市通过省级公共资源交易平台组织采购。"第三十五条第一款规定："疫苗上市许可持有人应当按照采购合同约定，向疾病预防控制机构供应疫苗。"第三十六条规定："疫苗上市许可持有人应当按照采购合同约定，向疾病预防控制机构或者疾病预防控制机构指定的接种单位配送疫苗。"由此可见，《疫苗管理法》沿袭了《疫苗流通和预防接种管理条例》的规定，国家免疫规划疫苗以外的其他免疫规划疫苗、非免疫规划疫苗由疫苗上市许可持有人直接向疾病预防控制机构销售疫苗。

经核查，公司首个产品吸附破伤风疫苗于2017年6月上市后才开始委托

推广商开展市场推广服务，不存在委托原疫苗经营企业进行疫苗销售活动的情形。

上述表明：

（1）合同签署方面，公司与推广商签署《市场推广服务协议》而非《经销协议》或《购销协议》；

（2）公司报告期内与第三方推广服务商结算推广费金额的标准是在核查期推广活动真实性的基础上，根据双方约定的结算价格与该推广商贡献的销售量确定，实质上是为了敦促推广商完成既定的年度/季度推广目标；

（3）推广商实际为公司提供市场调研、科普宣传、专业化学术会议等推广服务，而非销售活动；

（4）产品配送方面，公司负责疫苗产品的物流配送，在整个交易过程中疫苗产品从未处于推广商的控制或占有之下，所有权及控制权直接从公司转移至疾控中心；

（5）货款结算方面，县级（区级）疾控中心直接与公司结算疫苗货款，通过其财政账户直接向公司账户转账，不存在经过推广商或第三方账户向公司支付货款的情形；

（6）疫苗上市许可持有人委托专业推广商为其疫苗产品提供市场推广服务，系2016年《疫苗流通和预防接种管理条例》修改后疫苗生产企业的普遍做法。因此，本所律师认为，公司不存在委托推广商开展经销、转销或批发疫苗产品的情形，符合《疫苗流通和预防接种管理条例》《疫苗管理法》和"一票制"的相关规定，相关推广费的计提和支付方式未违反相关法律、行政法规的规定。

二、推广费的计提和支付未违反《反不正当竞争法》和《关于禁止商业贿赂行为的暂行规定》的规定

根据1996年11月15日国家工商行政管理局发布的《关于禁止商业贿赂行为的暂行规定》（国家工商行政管理局令第60号，1996年11月15日生效）的规定，商业贿赂是指经营者为销售或者购买商品而采用财物或者其他手段贿赂对方单位或者个人的行为。

《中华人民共和国反不正当竞争法》（中华人民共和国主席令第29号，2019年4月23日生效，下称"《反不正当竞争法》"）赋予了商业贿赂全新的内涵。《反不正当竞争法》第二条第二款规定："本法所称的不正当竞争行为，是指经营者在生产经营活动中，违反本法规定，扰乱市场竞争秩序，损害其他经营者或者消费者的合法权益的行为。"

根据《反不正当竞争法》第二章"不正当竞争行为"的规定，不正当竞争行为包括：混淆行为、贿赂行为、虚假宣传、虚假交易、侵犯商业秘密、变相有奖销售等。其中，《反不正当竞争法》第七条规定的贿赂行为是指经营者不得采用财物或者其他手段贿赂下列单位或者个人，以谋取交易机会或者竞争优势，包括但不限于：

（1）交易相对方的工作人员；

（2）受交易相对方委托办理相关事务的单位或个人；

（3）利用职位或者影响力影响交易的单位或者个人。

结合上述法律法规，《反不正当竞争法》和《关于禁止商业贿赂行为的暂行规定》并未对推广费的支付和计算方式进行明确规定，亦未禁止推广服务费的结算考虑推广业绩等因素。发行人报告期内与第三方推广服务商结算推广费的标准是在核查其开展推广活动真实性的基础上，根据双方约定的计算价格与推广商贡献的销售量确定，这种结算方式在医药行业中并不少见。

根据公开检索，下列上市公司存在推广服务结算与贡献的销售收入挂钩的情形：

公司名称	主要产品	服务费结算标准
万泰生物（股票代码：603392）	戊型肝炎疫苗、宫颈癌疫苗等	公司支付某家服务商的服务费=Σ（服务商服务的直销客户的产品售价-公司给予服务商的底价）×销量-调整项，具体为：①服务商服务的直销客户的产品售价由公司与直销客户达成交易的价格确定；②公司给予服务商的底价由公司与服务商协商确定；③销量由公司与直销客户达成交易的实际销量确定；④调整项主要为直销客户投诉、直销客户回款不及时增加的资金成本等，调整费率区间视情况不同为5%～10%。

续表

公司名称	主要产品	服务费结算标准
复旦张江（股票代码：688505）	盐酸氨酮戊酸外用散、注射用海姆泊芬和长循环盐酸多柔比星脂质体注射液（简称"里葆多"）	2016年至2017年底及自2018年11月起，上海泰灵、北京泰凌和上海辉正分别为公司里葆多产品提供独家CSO市场推广服务。推广费的计算方式及依据模式基本一致。公司根据实际销售数量及单支推广价格计算推广费金额。具体为：①销售数量：公司里葆多当期销售数量。②推广价格：发行人与CSO提供商提前约定单支里葆多的基准推广价格，该价格会根据实际净销售额的变动或终端招标价格调整等影响因素相应调整。公司于期末根据上述方式，计算并预提相应金额市场推广费。
三友医疗（股票代码：688058）	脊柱类植入耗材、创伤类植入耗材	三友医疗聘请服务商进行推广服务，服务内容包括渠道建设与客户维护、物流辅助、术中及术后技术服务、术后账务核对及催收等。服务费支付价格约定情况如下：公司将市场同类商品的经销价格作为底价，按照产品销售价格减去底价、税点差异及其他调整项后确定商务服务费用。其中，其他调整项包括直销导致的资金、仓储成本，额外损耗等。若服务商申请在终端客户回款前支付服务费用，则公司将扣除提前支付款项的资金成本。服务费具体支付的主要影响因素包括终端售价、销售底价、增值税率等。
之江生物（注册已生效、尚未发行）	分子诊断试剂及仪器设备	报告期内，之江生物市场服务费主要由客户服务费构成。针对客户服务费，公司参照当地市场同类商品的经销价格作为底价，以产品销售价格和底价之间的空间作为客户服务商费用的定价空间，并综合考虑产品的市场竞争情况、客户维系情况，确定客户服务商服务费用。客户服务费与通过客户服务商开拓、维系的终端客户相对应收入相关，与对应客户收入相匹配。

综上所述，发行人报告期内推广费的计提和支付标准未违反《反不正当竞争法》和《关于禁止商业贿赂行为的暂行规定》的规定。

这哪里是上市公司公告？这是一堂医药普法课，把CSO的商业合法性进行了全面阐述。有理有据，无懈可击。

发行人的风险防范措施情况：

（1）内部管理规范。报告期内，发行人制定了《营销中心管理制度》（包括《推广商管理制度》）、《利益冲突管理办法》《营销中心合规管理制度》（包括《营销合规管理制度》《营销反贿赂反腐败合规管理办法》《营销餐饮和娱乐合规管理办法》《营销礼品合规管理办法》《营销会议合规管理办法》《营销咨询与服务合规管理办法》《营销人员行为准则》）等，对推广商引入、推广商管理、推广商调整、推广商淘汰以及公司营销人员和推广商的推广团队开展推广活动的费用支出的金额标准和监督以及事后的审核都进行了严格的规定和约束。

（2）协议约定。经本所律师核查，报告期内发行人与推广商签署的《市场推广服务协议》均包含"合规与商业道德"条款，所有推广商均向发行人出具了《廉洁推广承诺函》作为《市场推广服务协议》的附件，承诺推广商及推广商团队在为发行人开展市场推广服务的过程中，严格遵守国家关于反不正当竞争和商业贿赂相关法律、法规、规章、政策、行业规范、行为守则等规定以及发行人制定的关于反商业贿赂的政策，保证推广服务活动的廉洁性。若推广商及推广商团队违反上述承诺，同意将自愿接受罚款、取消推广奖励、取消推广发行人疫苗的资格等。若因推广商或推广商人员的行为给发行人造成损失的，由推广商向发行人承担相应的法律责任及赔偿责任。

……

（4）不定期对推广商进行培训。报告期内，发行人营销中心和欧林学院会不定期组织对推广商进行线上、线下培训，包括疫苗产品的接种经验分享、疫苗产品的问答集及反商业贿赂和合规培训，宣讲国家关于反不正当竞争和商业贿赂相关法律、法规、规章、政策、行业规范、行为守则等规定以及发行人制定的关于反商业贿赂的政策，培养推广商廉洁从业、合法合规开展推广活动的意识。

第三，在财务内控方面处理如下。

（1）推广成果及推广单据审核。根据发行人《推广商管理制度》的规定并经访谈发行人销售负责人确认，推广商开展推广活动执行过程中，发行人销售部将根据推广产品、活动类型、规模提供相应的学术支持和资料，进行事中控制。推广活动结束后，推广商应当向销售部提供要求的成果文件和结算表，具体如下：

推广活动类别	成果文件
接种门诊基本情况调查	填写公司设计的接种门诊基本情况调查表、调查门诊照片、打卡记录等并加盖推广商公章。
学术会议	会议申请、会议通知、签到表（参会人数以签到表为准）、会议照片等。
科室推广	填写公司设计的科室推广工作记录、科室推广照片、打卡记录、推广总结报告等。
产品常规用量调查	填写公司设计的接种门诊基本情况调查表、调查门诊照片或打卡记录并加盖推广商公章。
竞争产品常规用量调查	填写公司设计的产品用量调研表、调查门诊照片或打卡记录并加盖推广商公章。

（2）支付推广费的流程具体如下：

销售部销售内勤计算每月应当支付的推广费用金额→销售部大区经理和销售总监审核→财务部计提推广费入账→推广商提供发票和开展推广服务的真实性证据、填写《发票入账申请》→销售部大区经理审核开展推广活动的真实性证据、财务部审核推广商提供的发票是否合法合规→疾控回款后，销售部大区经理和销售总监审核应该与推广商结算的推广费金额→财务部及财务总监复核→报副总经理、总经理审批→银行出纳转账付款。

经访谈发行人财务总监确认，发行人财务部为了保证发票的真实性，对报告期内第三方推广开具的发票均通过国家税务局网站查询发票真伪。开展推广活动的真实性证明材料则由营销中心负责审核。

除此之外，推广活动结束后，发行人市场部和销售部将不定期对推广商的活动进行评估和抽查，具体措施包括现场抽查、邮件回访、电话回访等检查推广商开展推广活动的真实性。

有制度上墙，有风险隔离，有资料交付，有审批流程，有意识培养。

一个字，牛！

药企朋友们还在为销售费用合规性而担心吗？从商业模式到法律背景，到财税合规，这个公告给了一个完整的解读。

把人家的优秀经验与自身结合起来，就叫创新！

一个规避佣金5%扣除限额的教科书般的案例

销售佣金是企业经营中常见的一项支出。较为突出的像医药企业，佣金可能达到销售额的60%。

关于佣金支出，企业自然是十分头疼。

一方面，缺少发票入账。除了少数专业机构以外，绝大多数佣金实际上是个人劳务，接受佣金的个人一方面不会去税务局代开发票，另一方面更不愿承担高额的个人税负。为了解决发票问题，企业可是伤透了脑筋。个独核定也好，医药CSO也好，委托代征平台也好，名称不同，本质上还是通过地方优惠政策变现的办法。

另一方面，千难万险取来发票，计入销售费用刚要扣除，被税务局一声断喝：等等！尔等难道不知《财政部　国家税务总局关于企业手续费及佣金支出税前扣除政策的通知》（财税〔2009〕029号）有明文规定吗？

企业发生与生产经营有关的手续费及佣金支出，不超过以下规定计算限额以内的部分，准予扣除；超过部分，不得扣除。

1.保险企业：财产保险企业按当年全部保费收入扣除退保金等后余额的15%（含本数，下同）计算限额；人身保险企业按当年全部保费收入扣除退保金等后余额的10%计算限额。

2.其他企业：按与具有合法经营资格中介服务机构或个人（不含交易双方及其雇员、代理人和代表人等）所签订服务协议或合同确认的收入金额的

5%计算限额。

佣金超过5%你就不让我扣？好吧，那我就不叫佣金了！那叫什么呢？看航天长峰教科书式的公告：

《北京航天长峰股份有限公司关于〈中国证监会行政许可项目审查一次反馈意见通知书〉（192312号）之反馈意见回复》详细披露如下：

（1）标的资产的订单主要通过公司销售部门及代理商以市场化的方式取得，航天朝阳电源与代理商的合作模式为委托服务的方式，与代理商签署《技术服务协议》。

（2）航天朝阳电源通过代理销售后，根据回款情况按照规定的产品种类与金额给予代理商一定比例的技术服务费（销售佣金），代理商向公司开具技术服务费发票。

（3）2017年至2019年1—6月，航天朝阳电源在销售费用中分别确认技术服务费4,073.60万元、4,339.50万元以及2,701.59万元。

各位看官看明白了吗？朝阳电源要被上市公司收购啦，那还不得好好包装一下？于是，改分销为直销啦，原来是100块卖给经销商，经销商加价50再卖给客户，各挣各的钱，井水不犯河水。现在为了把收入做大，改为150块直接卖给客户，但经销商不干啊，没关系，把经销商改为代理推广商，坐在中间收推广服务费。表面上没有中间商赚差价，实则谁的利益也没损失，该挣的一分都没少，还把公司收入拉高一个档次，在上市公司那赚了一笔。那你说上市公司是傻的吗？他当然不傻，他等着发重组成功的公告呢。

但是这么一改，税务问题倒成了拦路虎，你佣金大大超过5%的扣除比例啊，这可怎么办？上市公司振振有词：

航天朝阳电源与客户直接签署销售合同，直接发货至客户指定地点，并直接与客户结算销售款项。代理服务商提供的服务包括售前获取客户需求并确认技术要求，售中的安装、调试、部分产品的鉴定、定型服务及售后客户回访、协调标的公司维修、技术支持及催收回款等服务……标的公司客户较为分散，长期合作的客户众多，每年实现销售的客户超过2,000个。标的公司对于非当地客户维护成本高、信息获取具有滞后性，为了更好地服务客户并争取在第一时间内获得客户的最新研发和业务拓展信息，标的公司在全国各地寻求具备定制类电源服务及销售能力的代理服务商来服务客户。

看到了吗？谁说我是佣金，我不是！我是售前的客户需求获取、技术要求确认，售中的安装、调试、产品鉴定，以及售后的回访……我可以是一切，就不是佣金。教科书在此。

其实，也不怨上市公司这样解释，财税〔2009〕29号文一方面对佣金有明确的扣除标准限制，另一方面却没有对什么叫佣金给予明确的解释，立法不清晰，你叫企业怎么办呢？除了玩文字游戏以外，恐怕也没什么好办法了。

"直销"情况下发生"推广费"可以直接冲减销售收入吗？

华菱线缆于2021年6月2日发布招股意向书披露：

报告期内，发行人与经销商签署的《经销商协议》中约定，经销模式分成两种：一种为甲方（华菱线缆）直接向乙方（经销商）销售货物的卖断式经销。另一种是乙方推介甲方与第三方签订销售合同。

根据《经销商协议》约定，经销商推广费和一般返利合并作为销售返利冲减经销收入，在公司向经销商开具增值税发票时作为销售折扣体现在增值税发票中，公司未通过现金或其他方式对其推广业务单独支付推广费，该类经销商也不提供相关咨询或劳务费发票提取推广费，公司在结算过程中没有与收入相关的现金流入及与费用相关的现金流出。

对于直销下支付给经销商的推广费部分，直接冲销经销收入处理，公告作出如下解释：

第一，从会计角度。

根据《企业会计准则14号——收入（2017年）》第十五条规定："企业应当根据合同条款，并结合其以往的习惯做法确定交易价格。在确定交易价格时，企业应当考虑可变对价、合同中存在的重大融资成分、非现金对价、应付客户对价等因素的影响。"公司将推广费和一般返利合并均按返利政策执行是经销商协议中已经明确约定的，因此在确认收入之前已有"承诺支付客户对价"的承诺，所以在会计处理时冲减收入具有合理性。

第二，从同行角度。

其他上市公司亦存在将经销商的推广费作为返利冲减经销收入的处理方式，如国茂股份（603915.SH，2019年6月14日首发上市）等，因此，相关会计处理具有合理性。

第三，从税法角度。

根据《经销商协议》约定，经销商推广费和一般返利合并作为销售返利冲减经销收入，在公司向经销商开具增值税发票时作为销售折扣体现在增值税发票中；公司未通过现金或其他方式对其推广业务单独支付推广费，该类经销商也不提供相关咨询或劳务费发票提取推广费，公司在结算过程中没有与收入相关的现金流入及与费用相关的现金流出。

根据《国家税务总局关于折扣额抵减增值税应税销售额问题通知》（国税函〔2010〕56号）有关规定，纳税人采取折扣方式销售货物，销售额和折扣额在同一张发票上分别注明是指销售额和折扣额在同一张发票上的"金额"栏分别注明的，可按折扣后的销售额征收增值税。未在同一张发票"金额"栏注明折扣额，而仅在发票的"备注"栏注明折扣额的，折扣额不得从销售额中减除。

第四，从执法角度。

发行人将经销商推广业务与经销业务统一核算并进行返利，返利相应冲减经销收入，按照扣除返利后的销售金额缴纳增值税，以上税务处理符合税收监管要求。公司已取得国家税务总局湘潭高新技术产业开发区税务局《关于销售方返利有关情况的说明》专项复函，认定发行人将经销商推广费作为返利冲减经销收入的操作方式不存在违反国家相关税收法律法规或被税务主管机关处罚的情况。

对于公告作出的解释,笔者表示不认可。

第一,从会计的角度,所谓可变对价,那是对销售方和购买方之间的约定而言,直销情况下,经销商根本是第三方,并不在购销对手方当中。给第三方的费用怎么可能冲减收入?

第二,同行这么做,能证明我这么做是对的吗?有说服力吗?

第三,引用国税函〔2010〕56号文件作为支撑,更是属于依据错误。56号文说的情况也是在购销两家对手方的交易中,如果有打折,把折扣写在发票里。支付给经销商的推广费用,怎么能和这个连到一起?

正所谓你永远也叫不醒一个装睡的人。华菱线缆之所以明知故犯,还编出一套说辞,根本原因还在于《财政部 国家税务总局关于企业手续费及佣金支出税前扣除政策的通知》(财税〔2009〕029号)的一条规定:

"企业发生与生产经营有关的手续费及佣金支出,不超过以下规定计算限额以内的部分,准予扣除;超过部分,不得扣除。

"1.保险企业:财产保险企业按当年全部保费收入扣除退保金等后余额的15%(含本数,下同)计算限额;人身保险企业按当年全部保费收入扣除退保金等后余额的10%计算限额。

"2.其他企业:按与具有合法经营资格中介服务机构或个人(不含交易双方及其雇员、代理人和代表人等)所签订服务协议或合同确认的收入金额的5%计算限额。"

销售费用数额那么大,所得税税前只让扣5%,这情何以堪呐。所以,一不做,二不休,干脆冲减收入算了。但是这样做真的对吗?

财税〔2009〕029号文件还有另一个规定:"企业支付的手续费及佣金不得直接冲减服务协议或合同金额,并如实入账。"

这就尴尬了。其实关于这个问题，我们早在"一个规避佣金5%扣除限额的教科书般的案例"中就有过明确的建议。

我突然想明白了什么叫"南辕北辙"，思想上的懒惰，是任何行动上的勤奋都救不了的。

广告费与佣金，一个是阆苑仙葩，一个是美玉无瑕

今天谈一个争议不大，但细思极恐的细节问题：广告费、佣金与市场推广服务的区别。

先看一下直播带货行业的公告：

德尔玛于2021年10月20日发布法律意见书披露：直播带货模式下，发行人与"罗永浩"等头部主播达成合作，由主播对公司提供的特定产品进行直播推广。在直播电商推广中，公司主要与主播及其所在MCN公司进行合作。公司主要的直播平台为淘宝直播、快手和抖音。在付费主播模式下，公司与MCN公司或主播协商确定合作定价及利益分配方式，主要的合作定价及利益分配方式为：

线上佣金：佣金费率为20%，线上佣金后续由电商平台、直播平台、MCN公司及主播根据平台规则或协议约定进行再分配，后续的佣金分配与发行人无关。

线下费用：对于头部或明星主播的直播活动中，除了线上佣金，还需支付线下费用，线下坑位费及线下差额费用，公司认为，合作定价及利益分配公允。

合作定价及利益分配	公司	公允性分析
线上佣金	主要主播的线上佣金率一般为20%	行业一般为20%

续表

合作定价及利益分配	公司	公允性分析
线下坑位费用	头部主播或明星主播的坑位费为几万元到几十万元	行业中头部主播除了分佣外还有几万元到几十万元不等的额外坑位费
线下差额费用	基于直播单价、佣金、供货价、税费、结算销售数量等因素确定	和翊电子商务与各品牌合作一贯的利益分配方式

这个公告解了笔者心中的一个疑问，就是那网红带货时的收费，支付企业应当如何认定。

《企业所得税法实施条例》第四十四条规定：企业发生的符合条件的广告费和业务宣传费支出，除国务院财政、税务主管部门另有规定外，不超过当年销售（营业）收入15%的部分，准予扣除；超过部分，准予在以后纳税年度结转扣除。同时，《财政部 税务总局关于广告费和业务宣传费支出税前扣除有关事项的公告》（财政部、税务总局公告2020年第43号）规定，对化妆品制造或销售、医药制造和饮料制造（不含酒类制造）企业发生的广告费和业务宣传费支出，不超过当年销售（营业）收入30%的部分，准予扣除；超过部分，准予在以后纳税年度结转扣除。烟草企业的烟草广告费和业务宣传费支出，一律不得在计算应纳税所得额时扣除。

而佣金则需要看行业具体分析。《财政部 国家税务总局关于企业手续费及佣金支出税前扣除政策的通知》（财税〔2009〕29号）、《国家税务总局关于企业所得税应纳税所得额若干税务处理问题的公告》（国家税务总局公告2012年第15号）和《财政部 税务总局关于保险企业手续费及佣金支出税前扣除政策的公告》（财政部 税务总局公告2019年第72号）等文件对手续费及佣金支出的税前扣除限额作了规定。

如果是保险企业，其发生与其经营活动有关的手续费及佣金支出，不超过当年全部保费收入扣除退保金等后余额的18%（含本数）的部分，在计算应纳税所得额时准予扣除；超过部分，允许结转以后年度扣除。如果是从事代理服务、主营业务收入为手续费、佣金的企业，如证券、期货、保险代理等企业，其为取得该类收入而实际发生的营业成本（包括手续费及佣金支出），准予在企业所得税前据实扣除。

如果是电信企业，在发展客户、拓展业务等过程中（如委托销售电话入网卡、电话充值卡等），需向经纪人、代办商支付手续费及佣金的，其实际发生的相关手续费及佣金支出，不超过企业当年收入总额5%的部分，准予在企业所得税前据实扣除。

如果是上述企业外的其他企业，按与具有合法经营资格中介服务机构或个人（不含交易双方及其雇员、代理人和代表人等）所签订服务协议或合同确认的收入金额的5%计算限额。

那么，直播收取的费用，对支付方来说，到底是属于广告费，还是属于佣金呢？这还要从二者的法律定位说起：

《民法典》第九百六十三条：中介人促成合同成立的，委托人应当按照约定支付报酬。对中介人的报酬没有约定或者约定不明确，依据本法第五百一十条的规定仍不能确定的，根据中介人的劳务合理确定。因中介人提供订立合同的媒介服务而促成合同成立的，由该合同的当事人平均负担中介人的报酬。

中介人促成合同成立的，中介活动的费用，由中介人负担。

第九百六十四条：中介人未促成合同成立的，不得请求支付报酬；但是，可以按照约定请求委托人支付从事中介活动支出的必要费用。

由此可见，佣金是否支付是和合同是否签订紧密相连的，合同成，则佣金生，合同不成，则佣金无。

那么广告费呢？

《中华人民共和国广告法》第二条：在中华人民共和国境内，商品经营者或者服务提供者通过一定媒介和形式直接或者间接地介绍自己所推销的商品或者服务的商业广告活动，适用本法。

由此可见，广告通常只是提供服务，与合同是否签订并无必然关系。

一个锚定合同成立，一个锚定服务完成，一个只按合同额5%税前扣除，一个按销售额15%税前扣除。还真是道不同，不相为谋。

如果这么一分，就很清楚了。

直播主播收取的"坑位费"属于广告宣传支出，应该按广告费税前扣除相关规定处理，而提成部分则属于佣金，按佣金税前扣除相关规定处理。

找到二者之间区别的法律依据，笔者心中很是兴奋，正是：

一个是阆苑仙葩，一个是美玉无瑕。

若说没奇缘，今生偏又遇着他；

若说有奇缘，如何心事终虚化。

费用核查，醉翁之意不在酒，在乎山水之间

"八月十五云遮月，正月十五雪打灯"，2021年的仲秋又是一个阴雨天。

中国古典文人的气质中总有一些悲天悯人，笔者也不能免俗，一个人把"举杯邀月，对影三人"的古典浪漫演绎成了"灯下独酌，茕茕孑立"的清冷。境随心转，屏幕上的公告竟也这样应景，来了一个"醉翁之意不在酒，在乎山水之间"。

同益中于2021年9月17日发布公告披露：2017年12月19日，北京市地方税务局第六稽查局对国投贸易作出《税务行政处罚决定书》（京地税六稽罚〔2017〕43号），认定国投贸易2013年馈赠礼品，2013年—2015年为员工报销药费，未按规定代扣代缴个人所得税，违反《个人所得税法》《个人所得税法实施条例》《财政部　国家税务总局关于企业促销展业赠送礼品有关个人所得税问题的通知》相关规定，根据《税收征收管理法》第六十九条的规定，对国投贸易处应扣未扣税款162,206.67元的百分之五十金额的罚款，罚款金额81,103.34元。

《税收征收管理法》第六十九条规定:"扣缴义务人应扣未扣、应收而不收税款的,由税务机关向纳税人追缴税款,对扣缴义务人处应扣未扣、应收未收税款百分之五十以上三倍以下的罚款。"

北京市地方税务局第六稽查局对国投贸易作出的上述行政处罚是按照应扣未扣税款的50%处以罚款,属于法定罚款金额区间内最低限额,该违法行为不属于情节严重的违法行为。

众所周知,费用通常是稽查题中应有之义,但是大家对这件事可能也有些误解,认为稽查的重点是发票和企业所得税扣除。笔者想在这里澄清一件事:真正的高手,检查费用时,他的目标是个税。

笔者曾多次在文章中表达一个观点:企业税负与个人税负是一枚硬币的两个面,缺一不可,不可偏废。君不见管理费用中的工资,那不也得是扣缴了个税才能在企业所得税税前扣除吗?为什么同为管理费用的福利费,销售费用中的促销费,就不知道扣个税了呢?

关于这个问题,《财政部 国家税务总局关于企业促销展业赠送礼品有关个人所得税问题的通知》(财税〔2011〕050号)有明确规定:

二、企业向个人赠送礼品,属于下列情形之一的,取得该项所得的个人应依法缴纳个人所得税,税款由赠送礼品的企业代扣代缴:

1. 企业在业务宣传、广告等活动中,随机向本单位以外的个人赠送礼品,对个人取得的礼品所得,按照"其他所得"项目,全额适用20%的税率缴纳个人所得税。

2. 企业在年会、座谈会、庆典以及其他活动中向本单位以外的个人赠送礼品,对个人取得的礼品所得,按照"其他所得"项目,全额适用20%的税率缴纳个人所得税。

3. 企业对累积消费达到一定额度的顾客,给予额外抽奖机会,个人的获奖所得,按照"偶然所得"项目,全额适用20%的税率缴纳个人所得税。

三、企业赠送的礼品是自产产品(服务)的,按该产品(服务)的市场销售价格确定个人的应税所得；是外购商品（服务）的，按该商品（服务）的实际购置价格确定个人的应税所得。

《财政部　国家税务总局关于企业促销展业赠送礼品有关个人所得税问题的通知》（财税〔2011〕50号）第二条第1项、第2项已经于2019年1月1日废止，而2019年出台的《财政部　税务总局关于个人取得有关收入适用个人所得税应税所得项目的公告》则对相应内容进行了明确规定：企业在业务宣传、广告等活动中，随机向本单位以外的个人赠送礼品（包括网络红包，下同），以及企业在年会、座谈会、庆典以及其他活动中向本单位以外的个人赠送礼品，个人取得的礼品收入，按照"偶然所得"项目计算缴纳个人所得税。由此可知，这部分费用最终还是需要扣缴20%的所得税的。

很多人会说：如果这样，我的促销费用岂不是就凭空多出了20%？更重要的是这些个税我怎么申报呢？难道真的让我去向赠送对象要个人身份证号码？

关于这两个问题，笔者的回答如下：

1.吃不穷，穿不穷，算计不到才受穷。不是你的促销费用多了，是你做预算时没有考虑到个税问题。就像本案例中的同益中，身为上市公司，犯下如此低级的错误，给上市公司拿到了一个行政处罚，这就是基础风险管理没有做到位的代价。

2.关于个税申报，请您在个税申报系统中选择"偶然所得"，仔细看一看右边的申报方式，是有两个选项的，一个是"明细申报"，另一个是"汇总申报"。

醉翁之意不在酒，在乎山水之间。真正的高手，他检查费用时的重点，是个税。真正的高手，他明白，企业税负和个人税负，是一枚硬币的两个面，不可分割！

值此中秋佳节之际，笔者送大家的礼物是：回去看看自己家送出去的月饼，代没代扣个税？

收到补贴真得意，税务魅影要留心，增值所得加发票，算来一个跑不掉

说到政府对重点企业的财政支持，中国政府是从来不含糊的。只要对经济发展有益，对人民群众有益，那真是要钱给钱，要政策给政策。一大波企业就是在这种政策红利下实现了产业升级。

只是部分企业在收到政府补贴时，只顾着开心，忘了给一位"贵客"预留位置，造成了一系列后续问题，这位"贵客"就是"税先生"。

*ST华塑于2021年9月6日发布重大资产重组公告披露：

根据黄石管委会和天润达签署的《项目投资合同书》，拟收购标的公司天玑智谷于2018年和2019年共计收到黄石经济技术开发区经济发展局项目建设投资补助3,000万元；依据《关于转发湖北省发展改革委关于下达东北地区等老工业基地调整改造专项（新动能培育平台及设施建设）2019年度中央预算内投资计划的通知》（黄发改工业〔2019〕10号），标的公司于2019年收到老工业基地调整改造专项补助660万元。根据标的公司提供的资料，天玑智谷将其计入递延收益，其中，上述项目建设投资补助3,000万元按照30年进行摊销、老工业基地调整改造专项补助660万元暂未开始摊销，天玑智谷按摊销各期计入收入金额申报缴纳了当期企业所得税。

第一步，咱先看看会计处理。

根据《企业会计准则第16号——政府补助》相关规定，以上两项政府补贴收入显然均属于"与资产相关的政府补助"范畴，其会计上均应计入"递延收益"科目。

借：银行存款	3,660万元
贷：递延收益——项目建设投资补助	3,000万元
老工业基地调整改造专项补助	660万元

第二步，看看这两项政府补贴收入是否应该缴纳增值税。

根据《国家税务总局关于取消增值税扣税凭证认证确认期限等增值税征管问题的公告》（国家税务总局公告2019年第45号）：纳税人取得的财政补贴收入，与其销售货物、劳务、服务、无形资产、不动产的收入或者数量直接挂钩的，应按规定计算缴纳增值税。纳税人取得的其他情形的财政补贴收入，不属于增值税应税收入，不征收增值税。

以上两项政府补贴收入显然属于后者，不应征收增值税。

第三步，如果不征增值税的话，是否需要向政府开具发票呢？

按理说，发票这东西，如果不涉及增值税的情况下，是不应该有的。但是税法里有16种特殊情况，不征增值税，是可以开具增值税普通发票的。此处就是这种情况，可以使用的发票编码是："615与销售行为不挂钩的财政补贴收入"。

第四步，最复杂的企业所得税来了。

根据《财政部 国家税务总局关于财政性资金 行政事业性收费 政府性基金有关企业所得税政策问题的通知》（财税〔2008〕151号）：企业取得的各类财政性资金，除属于国家投资和资金使用后要求归还本金的以外，均应计入企业当年收入总额。

政府补助该给你就给你，该征税也不含糊。只是征所得税，情况还是不同的，为了说明这点，税务总局又单独行文进行了解释：

《国家税务总局关于企业所得税若干政策征管口径问题的公告》（国家税务总局公告2021年第17号）：企业按照市场价格销售货物、提供劳务服务等，凡由政府财政部门根据企业销售货物、提供劳务服务的数量、金额的一定比例给予全部或部分资金支付的，应当按照权责发生制原则确认收入。除上述情形外，企业取得的各种政府财政支付，如财政补贴、补助、补偿、退税等，应当按照实际取得收入的时间确认收入。

同样很明显，这3,660万元是应该在实际取得收入的时候一次性确认收入的。

公告继续披露：天玑智谷已经按所得税率25%完成了所得税费用计提，

同时，由于天玑智谷自2020年起被评定为高新技术企业，所得税率降至15%，相关税费暂未全部缴纳。

这就尴尬了，会计上可是计了"递延收益"，是要按30年进行摊销的。更重要的是，取得补助这一年，企业所得税可是25%啊，而未来，是15%。

怎么办？

公告继续披露：截至目前，天玑智谷正与当地税务机关沟通政府补贴收入有关税收优惠政策，待确定后对上述所得税进行补充申报，并可能因延迟缴纳产生滞纳金或罚金。

《财政部　国家税务总局关于专项用途财政性资金企业所得税处理问题的通知》（财税〔2011〕070号）：企业从县级以上各级人民政府财政部门及其他部门取得的应计入收入总额的财政性资金，凡同时符合以下条件的，可以作为不征税收入，在计算应纳税所得额时从收入总额中减除：

（一）企业能够提供规定资金专项用途的资金拨付文件；

（二）财政部门或其他拨付资金的政府部门对该资金有专门的资金管理办法或具体管理要求；

（三）企业对该资金以及以该资金发生的支出单独进行核算。

公告提出的"有关税收优惠政策"大概就是这段话吧。只是笔者想多一句嘴，本文可还有个第二条呐：

根据实施条例第二十八条的规定，上述不征税收入用于支出所形成的费用，不得在计算应纳税所得额时扣除；用于支出所形成的资产，其计算的折旧、摊销不得在计算应纳税所得额时扣除。

也就是说，即便上市公司能够申请到，按财税〔2011〕070号文享受不征税待遇，同时面临的代价是这部分支出形成资产未来折旧，在企业所得税前是不允许扣除的。

左手倒右手，有什么分别呢？还真有！

这样处理不会出现补税及滞纳金，这对上市公司很重要。

上市公司虚增利润被查后，多缴税款能否退还？

*ST华讯于2021年8月30日发布公告，披露全资子公司南京华讯（系发行人2015年6月通过重大资产重组向控股股东收购了南京华讯100%股权），为完成业绩承诺，于2016年度及2017年度利用虚假合同和虚构收入（51,131.77万元），财务造假事项遂被证监局立案调查，公司2021年4月采用追溯调整法对南京华讯2016及2017年财务报表进行调整，调减2016年营业收入9,784.98万元，调减2017年营业收入41,346.79万元（收入金额为净额法调整后金额）。

合同期业绩不达标，要真金白银向资方赔付，煮熟的鸭子飞了，任谁也是心有不甘，必须想办法补救。

怎么补救？业绩造假！接下来就是虚假合同和虚构收入。

什么？得交税？这时候啦，活下来要紧，哪还顾得上这许多，咬牙交了吧，总比补偿资方好得多。

然后呢？被证监局立案调查了！

虚假调整利润，高管受罚，还要赔付资方，赔了夫人又折兵。

不对，业绩是假的，由此产生的税当然也是假的，现在业绩调回来了，那税是不是也得要回来啊？

《中华人民共和国税收征收管理法》第五十一条："纳税人超过应纳税额缴纳的税款，税务机关发现后应当立即退还；纳税人自结算缴纳税款之日起三年内发现的，可以向税务机关要求退还多缴的税款并加算银行同期存款利息，税务机关及时查实后应当立即退还；涉及从国库中退库的，依照法律、行政法规有关国库管理的规定退还。"

前述规定明确了纳税人超过应纳税额缴纳的税款退还的两种情形：税务机关发现纳税人多缴税款，纳税人发现多缴税款。前述两种情形仅要求纳税人客观上多缴税款，均未对多缴税款的原因、行为、主观方面进行明确规定，即对于纳税人多缴税款的原因、行为、主观方面均未作具体要求。

球抛给税务机关了，看他怎么办吧。

公告披露：且经子公司南京华讯向所在注册地税务部门申请2016年至2019年企业所得税更正申报，申请退回以前年度误缴企业所得税。南京华讯于2021年6月收到2017年及2018年对应的退税款，合计15,240,015.46元。

看看，2017年的所得税是在2018年5月31日前缴纳，到企业申请的2021年4月，刚好三年内。至于那些超过3年的部分，就不要再要求太多了。

当然，这里还要啰唆一下退税程序问题。

申请退还多缴税款可以按照如下程序提交申请：

（1）《退（抵）税申请表》，非自然人需加盖公章；

（2）营业执照、税务登记证；

（3）原完税（缴款）凭证原件及复印件；

（4）多缴税费证明资料原件、复印件；

（5）原缴款账户。如果由于特殊情况不能退至原缴款账户的，在申请退税时应书面说明理由，应提交相关证明资料，并指定接受退税的其他账户及接受退税单位（人）。

此外，如果企业存在其他应缴税款，而不想申请退还多缴税款的，根据《税收征收管理法实施细则》第七十九条的规定："当纳税人既有应退税款又有欠缴税款的，税务机关可以将应退税款和利息先抵扣欠缴税款；抵扣后有余额的，退还纳税人"，企业可以申请将应退税款与应缴税款进行抵扣，抵扣后的差额，再缴税或者申请退税。

《中华人民共和国税收征收管理法》第五十一条和《税收征收管理法实施细则》第七十八条明确规定：税务机关发现纳税人多缴税款的，应当自发现之日起10日内办理退还手续；纳税人发现多缴税款，要求退还的，税务机关应当自接到纳税人退还申请之日起30日内查实并办理退还手续。

如果税务机关未在前述期限内作出退还与否的决定并办理退还手续，属于程序违法，纳税人可以依法提起行政复议或者行政诉讼，要求税务机关限期履行职责。如果税务机关在前述期限内作出决定不予退还，企业不服的，也可以依法提起行政复议或者行政诉讼，通过司法途径要求税务机关退税。

最后，总结一下，业绩造假，虚增利润多交的税，是可以要回来的，但要满足以下条件：

1.纳税人三年内发现；

2.自纳税人结算缴纳税款之日起算；

3.可以加算银行同期存款利息；

4.税务机关查实后立即退还，重点在"查实"；

5.需要企业按相关要求提供资料。

虚增利润230亿元，要交税吗？算虚开吗？算虚开罪吗？

*ST金正于2021年5月21日发布公告，披露因2015年至2018年上半年，金正大及其合并报表范围内的部分子公司通过与其供应商、客户和其他外部单位虚构合同、空转资金、开展无实物流转的虚构贸易业务，2015—2018年上半年累计虚增收入2,307,345.06万元，虚增成本2,108,384.88万元，虚增利润总额198,960.18万元，导致2015—2017年年报、2018年半年报存在虚假记载。

证监会对金正大处以150万元罚款，对实控人万连步处以240万元罚款、

10年市场禁入，对时任财务负责人李计国处以60万元罚款、5年市场禁入；其余6名高管均受处罚。

"虚构合同、空转资金、开展无实物流转的虚构贸易业务""2,307,345.06万元"，一个个刺眼的文字无不指向一个重大税务问题——虚开！

说起虚开，各位看官肯定不陌生，你们觉得这个案件是否构成虚开？是否要按规定交税？是否构成虚开发票罪呢？

一切还得从《发票管理办法》中对虚开的定性讲起。

《发票管理办法》第二十二条：任何单位和个人不得有下列虚开发票行为：

（一）为他人、为自己开具与实际经营业务情况不符的发票；

（二）让他人为自己开具与实际经营业务情况不符的发票；

（三）介绍他人开具与实际经营业务情况不符的发票。

很明显，*ST金正的行为已经违反了《发票管理办法》相关规定，构成了行政法上的"虚开发票行为"。相关行政处理应该包括以下两个组成部分：

1. 交税

《国家税务总局关于纳税人虚开增值税专用发票征补税款问题的公告》（国家税务总局公告2012年第33号）规定：纳税人虚开增值税专用发票，未就其虚开金额申报并缴纳增值税的，应按照其虚开金额补缴增值税；已就其虚开金额申报并缴纳增值税的，不再按照其虚开金额补缴增值税。

税务机关对纳税人虚开增值税专用发票的行为，应按《中华人民共和国税收征收管理法》及《中华人民共和国发票管理办法》的有关规定给予处罚。

纳税人取得虚开的增值税专用发票，不得作为增值税合法有效的扣税凭证抵扣其进项税额。

2. 行政处罚

《中华人民共和国发票管理办法》第三十七条：

违反本办法第二十二条第二款的规定虚开发票的，由税务机关没收违法所得；虚开金额在1万元以下的，可以并处5万元以下的罚款；虚开金额超过1万元的，并处5万元以上50万元以下的罚款；构成犯罪的，依法追究刑事责任。

这就明确回答了前面的两个问题，从行政处理领域看，就是交税、罚款。但是别忘了，《发票管理办法》里还有一句"构成犯罪的，依法追究刑事责任"。

那么*ST金正是否构成了刑法上的虚开发票罪呢？我们先来看看《最高人民法院关于适用〈全国人民代表大会常务委员会关于惩治虚开、伪造和非法出售增值税专用发票犯罪的决定〉的若干问题的解释》（法发〔1996〕30号）：

具有下列行为之一的，属于"虚开增值税专用发票"：
（1）没有货物购销或者没有提供或接受应税劳务而为他人、为自己、让他人为自己、介绍他人开具增值税专用发票；
（2）有货物购销或者提供或接受了应税劳务但为他人、为自己、让他人为自己、介绍他人开具数量或者金额不实的增值税专用发票；
（3）进行了实际经营活动，但让他人为自己代开增值税专用发票。

很明显，*ST金正的行为已经具备了虚开增值税发票罪的基本形式。但是，如果要追究刑事责任，是要经过由税务机关移交公安机关立案侦查，提请检察机关提起公诉，法院判决，这几个步骤的。那么检察机关对此的态度是怎样的呢？

《最高人民检察院关于充分发挥检察职能服务保障"六稳""六保"的意见》：依法慎重处理企业涉税案件。注意把握一般涉税违法行为与以骗取国家税款为目的的涉税犯罪的界限，对于有实际生产经营活动的企业为虚增业绩、融资、贷款等非骗税目的且没有造成税款损失的虚开增值税专用发票行为，不以虚开增值税专用发票罪定性处理，依法作出不起诉决定的，移送税务机关给予行政处罚。

那法院的态度呢？
《最高人民法院研究室关于如何认定以"挂靠"有关公司名义实施经营活动并让有关公司为自己虚开增值税专用发票行为的性质征求意见的复函》（法研〔2015〕58号）：

虚开增值税发票罪的危害实质在于通过虚开行为骗取抵扣税款，对于有实际交易存在的代开行为，如行为人主观上并无骗取抵扣税款的故意，客观上未造成国家增值税款损失的，不宜以虚开增值税专用发票罪论处。虚开增值税专用发票罪的法定最高刑为无期徒刑，系严重犯罪，如将该罪理解为行为犯，只要虚开增值税专用发票，侵犯增值税专用发票管理秩序的，即构成犯罪并要判处重刑，也不符合罪刑责相适应原则。

可见，在这个问题上最高人民法院与最高人民检察院采取了同样的态度，即构成虚开罪要满足三个法律要件，一是有虚开发票行为，二是主观上有骗取抵扣税款故意，三是客观上造成国家增值税款损失。

最后，总结一下：
1.对开虚开增值税发票行为，行政法与刑法标准并不相同。
2.行政法强调行为本身发生，处理方式就是补税、罚款。
3.刑法上强调虚开增值税发票为目的犯，不仅要看事实行为，还要考虑主观目的和客观结果。

谁说法律是无情的？法律在制定的时候其实是有情的！

第五部分

财务战略

30.61亿元债务重组利得，所得税是如何凭空消失的

2020年11月7日，*ST天娱发布重整计划，披露2014年"天神互动"借壳"科冕木业"以来主营业务变更为电竞游戏，该产业因2018年以来受游戏、影视行业监管政策调整等因素影响，经营业绩大幅下滑，陷入了严重的债务危机，大额商誉减值、债务利息罚息违约金等导致公司2018年、2019年以及2020年1—9月连续亏损，面临巨大的退市和破产清算风险。

2020年7月31日，大连中院作出（2020）辽02破申5号《民事裁定书》，裁定受理天神娱乐重整。通过破产重整程序，2020年度债转股共实现重组收益30.61亿元，系因经过债权人会议和管理人最终确认后的债务总额为49.61亿元，根据《重整计划》，按照每10股约转增7.84股的比例实施资本公积金转增股本7.3亿元。计入资本公积11.7亿元。其余30.61亿元确认债务重组利得。

债务重组方式	债务账面价值	债务重组相关损益	股本增加额	资本公积增加额
债务转为权益工具	4,960,825,450.19	3,060,739,553.52	730,871,061.00	1,169,214,835.67

根据《企业会计准则第12号——债务重组》准则，我们想象一下债权债务双方的简要会计处理：

1. 债权人

借：长期股权投资　　　　　　　　　　　49.61亿元
　贷：其他应收款　　　　　　　　　　　49.61亿元

2. 债务人

借：其他应付款　　　　　　　　　　　　49.61亿元
　贷：股本　　　　　　　　　　　　　　7.3亿元
　　　资本公积　　　　　　　　　　　　11.7亿元
　　　其他收益——债务重组利得　　　　30.61亿

好吧，问题出来了，对于债务人*ST天娱来说，这30.61亿元其他收益是否要交企业所得税呢？

根据《财政部　国家税务总局关于企业重组业务企业所得税处理若干问题的通知》（财税〔2009〕59号）：

企业债务重组，相关交易应按以下规定处理：

1.以非货币资产清偿债务，应当分解为转让相关非货币性资产、按非货币性资产公允价值清偿债务两项业务，确认相关资产的所得或损失。

2.发生债权转股权的，应当分解为债务清偿和股权投资两项业务，确认有关债务清偿所得或损失。

3.债务人应当按照支付的债务清偿额低于债务计税基础的差额，确认债务重组所得；债权人应当按照收到的债务清偿额低于债权计税基础的差额，确认债务重组损失。

4.债务人的相关所得税纳税事项原则上保持不变。

也就是说，不考虑亏损的情况下，这30.61亿元应该全额计入*ST天娱重组当期应纳税所得额，缴纳企业所得税约7.65亿元。但是财税〔2009〕59号文同时还给了一个特殊性税务处理方法：

"企业发生债权转股权业务，对债务清偿和股权投资两项业务暂不确认有关债务清偿所得或损失，股权投资的计税基础以原债权的计税基础确定。企业的其他相关所得税事项保持不变。"

根据这一条，*ST天娱在公告中说明："重整计划执行完毕，公司将有可能因债务重组收益产生所得税。公司可依法向税务部门申请以历史经营性亏损、账面资产损失等冲抵债务重组收益、特殊性税务处理等方式，减轻公司重整后的税务负担。"

事实清楚，依据充分，*ST天娱大概率是可以享受特殊性税务处理的，也就是*ST天娱暂不确认债务重组所得，债权人也不确认债务重组损失，而是将"长期股权投资——*ST天娱"的计税基础确定为49.61亿元，待未来有一天转让股权时再行确认。

为什么花2.38亿元买一个亏损的壳公司?

浙江沪杭甬于2020年11月11日发布公告,披露公司与交通集团订立股权购买协议,拟以238,140,000元对价收购龙丽丽龙公司100%股权。

按说这股权交易以亿为单位也不算稀奇,但是当我们再往下看时,一个更大的数字震惊了笔者:

这个被收购的龙丽丽龙公司累计亏损竟然达到了2,328,882,703元!

没错! 23.29亿元!

花2.38亿元买一个亏损23.29亿元的公司,这就让人难以理解了。

什么样的人才,竟然能把一个公司经营出这么大的亏损?

什么样的人才,竟然能把这么大亏损的公司卖到2.38亿元?

什么样的人才,竟然肯花2.38亿元买一个亏损达到23.29亿元的公司?

各位看官,只要您稍微了解一些税务知识就会知道,亏损这个东西有个用处——冲抵盈利!如果我们猜得不错,买家一定是有巨大盈利的项目,为了少交所得税,所以出此"高招"。

只是如何将利润装进这个巨亏的壳里呢?没错,吸收合并!

公告披露:公司拟以238,140,000元对价收购龙丽丽龙100%股权,再由龙丽丽龙吸收及合并嘉兴公司,随即将嘉兴公司予以注销。嘉兴公司的资产及负债(连同有关资产所附带的权利及义务)将由龙丽丽龙公司作为存续公司承担,嘉兴公司的雇员将由龙丽丽龙公司统率及分配。

以亏损合并盈利,再以盈利弥补亏损,操盘手太有才了。

这里还有一个细节更见功力,为什么是龙丽丽龙合并嘉兴公司,而不是反过来由嘉兴公司合并龙丽丽龙呢？

这是因为《财政部　国家税务总局关于企业重组业务企业所得税处理若干问题的通知》(财税〔2009〕059号)有规定：

企业合并，企业股东在该企业合并发生时取得的股权支付金额不低于其交易支付总额的85%，以及同一控制下且不需要支付对价的企业合并，可以选择按以下规定处理：

1.合并企业接受被合并企业资产和负债的计税基础，以被合并企业的原有计税基础确定。

2.被合并企业合并前的相关所得税事项由合并企业承继。

3.可由合并企业弥补的被合并企业亏损的限额=被合并企业净资产公允价值×截至合并业务发生当年年末国家发行的最长期限的国债利率。

4.被合并企业股东取得合并企业股权的计税基础，以其原持有的被合并企业股权的计税基础确定。

原来，如果选择用盈利公司合并亏损公司，能带过来的亏损是有限额的：可由合并企业弥补的被合并企业亏损的限额=被合并企业净资产公允价值×截至合并业务发生当年年末国家发行的最长期限的国债利率。

有人说，在财税〔2009〕59号文的配套文件《国家税务总局关于发布〈企业重组业务企业所得税管理办法〉的公告》(国家税务总局公告2010年第04号)中不是说了吗：《通知》(《财政部　国家税务总局关于企业重组业务企业所得税处理若干问题的通知》)第六条第（四）项所规定的可由合并企业弥补的被合并企业亏损的限额，是指按《税法》(《中华人民共和国企业所得税法》)规定的剩余结转年限内，每年可由合并企业弥补的被合并企业亏损的限额。

财税〔2009〕59号文只规定了盈利企业合并亏损企业可弥补的限额，但没规定亏损企业合并盈利企业不能弥补啊？

果然，公告继续披露：公司称，收购23.29亿元亏损标的可以减省税负。因标的龙丽丽龙截至2020年末止五年内产生的累计亏损有23.29亿元，可结转以抵销龙丽丽龙公司其后数年的盈利，故预期吸收及合并整体减省公司税项。根据中国相关税法，税务亏损最多可结转五年。于吸收及合并后，龙丽丽龙公司于截至二零二零年十二月三十一日止五年内产生的累计税项亏损（约人民币2,328,882,703元）可结转以抵销龙丽丽龙公司其后数年的溢利。根据本公司管理层所提供的财务预测，于吸收及合并后，截至二零二一年十二月三十一日止年度、截至二零二二年十二月三十一日止年度及截至二零二三年十二月三十一日止年度可由上述累计税项亏损所抵销的利润的估计金额分别约为人民币880,946,396元、人民币989,343,973元及人民币458,592,344元。本公司预期吸收及合并将大为有助本公司整体省减税项。

其实这里还有一个隐含的问题公告没提，那就是增值税留抵税额。通常这种巨亏的企业账上都有大额的留抵，如果亏损公司注销，留抵也就"灰飞烟灭"了。这不是暴殄天物吗！现在这么一合并，未来经营中产生大量的增值税销项税额刚好可以抵减留抵税额。

杯子碰到一起，都是梦破碎的声音

那时我们有梦，关于文学，关于爱情，关于穿越世界的旅行。如今我们深夜饮酒，杯子碰到一起，都是梦破碎的声音。——北岛《波兰来客》

时针回拨到2008年初，《企业所得税法》开始正式实施。作为它的第一个财税配套文件，《财政部 国家税务总局关于企业所得税若干优惠政策的通知》（财税〔2008〕001号）也同时实施。文件规定：对投资者从证券投资基金分配中取得的收入，暂不征收企业所得税。

让我们举个例子：

项　　目	金额	备　　注
总申购款	5,100,000	
净申购款	5,069,583	

续表

项　目	金额	备　注
申购费用	30,417	（100至1000万元申购费率为0.6%）
申购日基金净值	2.3932	
申购基金份额	2,118,328	
每份额分红	0.6860	
红利所得	1,453,173	（免税）
赎回日基金净值	1.7111	（若5月16日赎回，且赎回日基金净值与15日一致）
总赎回款	3,624,671	
赎回费用	18,123	（持有不满一年赎回费0.5%）
净赎回款	3,606,548	
投资损失	-1,493,452	（抵税）
客户节省税款	-373,363	（设所得税率25%）
客户现金流（净利润）增加	333,084	

假如你突然发现自己今年利润有点高，不想交那么多所得税，你会怎么办？少记收入？虚取发票？不，不，不，这么做都是不合规的。你可以考虑一下购买上面这个基金。假设你5月13日买进510万元，结果撞了大运，5月14号，这个基金分红了！你取得的这笔分红145万元正好符合前述财税〔2008〕1号规定，暂不征收企业所得税。

苏州银行于2019年6月17日发布公告披露：本行2018年、2017年和2016年的净利润分别为23.14亿元、21.50亿元和19.87亿元。2018年、2017年和2016年，本行所得税费用分别为3.99亿元、5.69亿元和4.81亿元。本行2018年所得税费用较2017年减少29.85%，主要系2018年本行调整投资方向，取得免税证券投资基金分红收入额较2017年增加4.68亿元。

该公告正是采用前述方式的案例。不过各位看官，你们有没有发现，公告里隐藏着一个非常有意思的细节？

2017年度的营收是21.50亿元，处于三年的中间值，但其企业所得税却达到了5.69亿元，远远高于其他两年，这是为什么呢？

公告继续披露：2017年基于谨慎性考虑未将2017年取得的基金分红收入作为免税扣除，而于2018年汇算清缴时将该部分备案调减。

为什么偏偏2017年要谨慎一年呢？

让我们回到开篇的案例："假设你5月13日买进510万元，结果撞了大运，5月14号，这个基金分红了！"

这世界上哪有那么多大运让你来撞？就算偶尔撞一次，还能年年撞？还能想什么时候撞，就什么时候撞？

你看到的，不一定是真相。

信息显示，2017年12月22日，证监会对4家分红信息管理不当的基金公司进行了处罚。

大家注意日期：2017年12月22日。

再想一想苏州银行的公告："2017年基于谨慎性考虑未将2017年取得的基金分红收入作为免税扣除，而于2018年汇算清缴时将该部分备案调减。"

魔鬼就藏在细节里！

限售股解禁避税的隐秘大法——大宗代持，这是"一盘大棋"

深圳新星于2021年9月14日—24日连续发布3篇公告，披露股票内部转让、公告减持计划、股份质押事项，实控人拟将不超2%股份内部转让给其控制的私募基金。事项梳理如下：

项目	股份内部转让、公告减持计划、股份质押事项
2021年9月14日（内部转让）	实际控制人陈学敏先生拟于2021年9月14日至2021年12月12日期间通过大宗交易方式转让不超过公司总股本的2%（即不超过3,200,087股）股份给上海利位投资管理有限公司–利位复兴十号私募证券投资基金，该基金由陈学敏先生和岩代投资共同100%持有；同时，陈学敏先生与上海利位投资管理有限公司–利位复兴十号私募证券投资基金、岩代投资签署了《一致行动协议》。截至目前，该股份转让计划尚未完成

续表

项目	股份内部转让、公告减持计划、股份质押事项
2021年9月22日（减持）	公告通过上海证券交易所集中竞价交易方式减持不超过3,200,087股，占公司总股本的比例不超过2%
2021年9月24日（质押）	公司控股股东、实际控制人陈学敏先生及其一致行动人累计持有公司股份数量为83,878,320股，占公司总股本比例为52.42%；本次岩代投资股份质押后，控股股东、实际控制人陈学敏先生及其一致行动人累计质押公司股份数量37,538,795股，占其持股数量比例44.75%，占公司总股本的比例为23.46%

无独有偶，几乎是在同一时间，华策影视于2021年9月22日发布公告，披露实际控制人、董事长傅梅城因个人资产规划需要，拟以大宗交易方式转让不超过华策影视当前总股本2%的股票（即不超过38,021,474股）给浙江银万斯特投资管理有限公司作为基金管理人管理的"银万全盈31号私募证券投资基金"和"银万全盈32号私募证券投资基金"，并与其签署《一致行动人协议》。银万全盈31号、银万全盈32号最终由傅梅城先生及其配偶赵依芳女士共同100%持有。

实控人将其持有的股权以大宗交易方式转让给私募证券投资基金，并与其签署《一致行动人协议》，这是在玩什么？

其实所有操作都指向一个目的——融资！

上市公司实控人要想套现融资，就必须出售其持有的上市公司限售股。我们曾在多篇文章中指出，限售股不同于流通股，我国个人所得税法对个人转让流通股是免征个人所得税的，但是对于限售股却要按20%税率征收个人所得税。为了规避这部分个人所得税，上市公司大股东们绞尽脑汁地想出了一个方法——洗股。

何谓"洗股"？就是指限售股禁售期过后，只要交易一次，其性质就会变成流通股，而流通股未来无论多少钱再次转让，都是免征个人所得税的。这就是"洗股"的基本原理。

理想是丰满的，现实是骨感的。将限售股"洗"成流通股，大股东们至少面对四重难题：

（1）由谁来接盘？接盘时的大额资金从哪来？

（2）接盘人接盘后，大股东如何实现对这部分限售股的继续控制？

（3）未来有一天，接盘人如果将这部分限售股卖掉，资金如何合法回流到大股东手中？

（4）如何处理能不违反证券监管规定？

而前面提到的两家上市公司，正是利用证券投资基金解决上述问题，这就是大宗代持。

第一步：由谁来接盘？接盘时的大额资金从哪来？

答：私募证券投资基金。为什么必须是基金呢？因为基金有钱啊。这步完成后，大股东实现了两个目的：第一，成功套现。第二，由于采用的是大宗交易，通常可以在市场价基础上打9折，个税也能少一些。

第二步：接盘人接盘后，大股东如何实现对这部分限售股的继续控制？

答：此时的基金实际上是在配合大股东进行融资，所谓的转让其实更像是一种"让与担保"，双方通常会约定大股东会在一定期间把股票买回，因此，大股东通常会与基金签订《一致行动人协议》。这就解决了控制权的问题。

第三步：未来有一天，接盘人如果将这部分限售股卖掉，资金如何合法回流到大股东手中？

答：约定的期限到达时，大股东会将这部分股票从基金手中赎回，再在二级市场上抛售，此时的股票已经被洗成了流通股，大股东怎么卖，都是免征个人所得税的。当然了，基金做了这么多，大股东肯定要给基金应得的部分。

第四步：如何处理能不违反证券监管规定？

答：之所以部分上市公司大股东或董监高选择大宗代持融资，而不去做股权质押，很大一部分原因在于，大股东大宗代持融资不仅可以实现融资，由于明面上的股东方已经改变，还可以在后续减持的过程中避开此前减持新规的限制。

各位看官，你们看明白了吗？为什么我说这是"一盘大棋"呢？

第一，大股东减持的核心目的是融资，通过大宗代持，其实现了融资目的。

第二，如果为了融资真把股票卖了，将来股价大涨，岂不是亏大了？所以来个"让与担保"，将来有权收回。

第三，转让期间的控制权怎么办呢？没关系，有《一致行动人协议》加持。

第四，顺带以打过9折的转让价和打过9折的个税为代价，把限售股洗成流通股，为未来高价转让时避税扫清道路。

第五，相对于大股东股权质押，基金大宗代持由于发生了转让，更容易绕过证监会的监管。

融资、控制权、证券监管、未来收益、避税，一举五得，难怪大宗代持模式这么火。

华润材料是如何通过做好税负规划降低内部融资成本的

经常在各路自媒体、培训机构、大师课的宣传稿中看到"低税负运营""节税宝典""葵花宝典"之类的标题。这些招人眼球的网文背后实际上都在向业界传达一个信息："我能让你少交税！"

笔者心中有一个公式：一个一知半解的财务＋一个税务筹划成功学大师＝一个企业的灾难。

那么，灵魂拷问来了：企业少交税，是为了什么？

财税江湖里的很多从业者，错误理解了税务咨询这项工作。

笔者一向认为，通过税负结构优化助推整体战略优化，实现企业更好地发展和更大的社会价值，才是企业税负管理的终极意义。

节税应该是一个起点，而不应该是一个终点。

整体战略中包括产业布局、治理结构、投融资等许多内容，泛泛空谈总不如单点突破，下面，我们就看一下华润材料是如何通过做好税负规划降低内部融资成本的。

华润材料于2021年9月29日发布公告披露：2019年4月1日发行人的控股股东化学控股（注册于中国香港）将所持发行人前身的75.20%股权增资到化学材料，由此化学控股原持有的公司75.2%股权改由化学材料（其系化学控股100%持股的公司）持有。控股架构如下图：

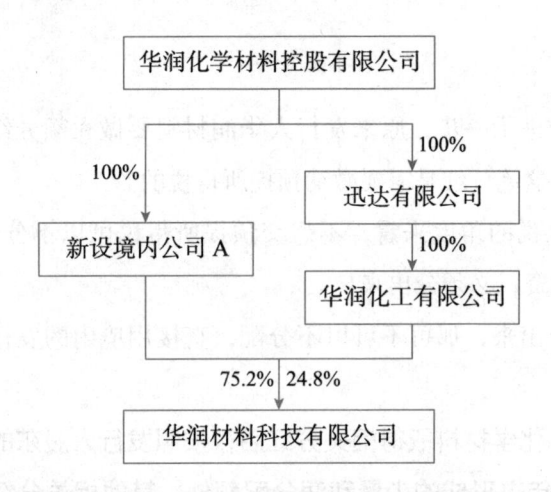

```
           华润化学材料控股有限公司
              │              │
           100%            100%
              │              │
              │           迅达有限公司
              │              │
              │           100%
              │              │
        新设境内公司A       华润化工有限公司
              │              │
            75.2%          24.8%
              └──────┬───────┘
                     │
              华润材料科技有限公司
```

（注：图中新设境内公司A即为华润化学材料有限公司）

在探讨本次架构调整时的税务问题前，我们是否应该问一句：一个注册在中国香港的企业"化学控股"把其持有的内地企业"华润材料"的股权全部增资到另一个新办的内地企业"化学材料"上，其商业上要达到的目标是什么？

可能有人会说，我只是个税务师，我只关心调整过程的税务问题本身，至于企业为什么要做调整不是我的职责范围。

如果你这么想，那就大错特错了。还是那句话，节税应该是起点，而不应该是一个终点。税负规划是为企业经营战略服务的，以终为始，是我们做税负规划方案的根本原则。

让我们再往下看公告：

截至本次股权转让前，发行人的股东分别为化学控股及化工有限，均为香港企业，与内地法人股东在税收安排上存在区别。根据《内地和香港特别行政区关于对所得避免双重征税和防止偷漏税的安排》及其后续文件的规定，化学控股、化工有限从发行人取得分红的所得税税率分别为5%、10%。因此，从税务筹划的角度，发行人股东存在股权调整的需求，将发行人主要股权转由国内同一控制的法人单位持有，所得分红留存在境内时可暂无需缴纳所得税。

剧情向前推进了一步，原来发行人华润材料要做大额分红！由于投资方均为香港企业，这笔分红是需要缴纳预提所得税的。

如果单纯从税的角度来看，不想交预提所得税可以不分红啊。现实是，这笔钱要对外投资，必须分出来！

既然必须分出来，那可不可以不分配，直接用境内的发行人华润材料对外投资呢？

公告披露：化学材料取得相关分红后，按照发行人股东的统一部署另有所用，除2007年末形成的少量利润分配额外，其他相关分红用于再投资包括烟台华润锦纶有限公司并增资华润化学材料有限公司，未安排用于投资发行人。

原来，大额分红目的是投资烟台华润锦纶，而集团公司内部治理结构要求烟台华润锦纶与华润材料应该是并列的兄弟公司。

思路清晰了。华润集团想拿出5亿元设立烟台华润锦纶，面临的问题及解决办法如下：

第一个问题，钱从哪里来？

答：内部融资成本最低，上市公司华润材料科技账上有6.65亿元未分配利润放着呐，调出5亿元来！

第二个问题，如果未分配利润分红给香港投资方华润化学，要面临5%的预提所得税，这等于增加了5%的融资成本，怎么办？

答：反正也是在内地的再投资，那就在香港华润化学和内地的华润材料中间加一层内地控股公司化学材料，华润材料分红给化学材料是两个居民企业之间的分红，免征企业所得税。再由化学材料用取得的分红投资烟台华润。

这5%融资成本不就省了。

第三个问题，新成立的化学材料如何才能取代香港华润化学成为华润材料的股东呢？

答：化学控股将所持发行人前身的75.20%股权增资到化学材料，由此化学控股原持有的公司75.2%股权改由化学材料（其系化学控股100%持股的公司）持有。

第四个问题，香港企业以其持有的境内企业股权向另一个境内企业投资，不涉及预提所得税吗？

答：《财政部 国家税务总局关于企业重组业务企业所得税处理若干问题的通知》（财税〔2009〕59号）第七条规定，企业发生涉及中国境内与境外之间（包括港澳台地区）的股权和资产收购交易，除应符合本通知第五条规定的条件外（本案例不涉及），还应同时符合下列条件，才可选择适用特殊性税务处理规定，其中一个条件就是非居民企业向与其具有100%直接控股关系的居民企业转让其拥有的另一居民企业股权。

第五个问题，都是内地企业控股了，香港股东持股比例仅剩24.8%，不满足5%预提所得税标准，未来一旦香港公司需要融资再分红时，需要按10%预提所得税，岂不是很亏？

答：华润材料账上还剩下1.65亿元呢，可以转为香港股东的投资，这样香港股东持股不就超过25%了吗？未来再分红就是5%的预提所得税税率了。

第六个问题，1.65亿元转增香港股东投资，本次是不是也得按10%交预提所得税啊？

答：《关于境外投资者以分配利润直接投资暂不征收预提所得税政策问题的通知》（财税〔2017〕88号）规定，境外投资者以分得利润进行的直接投资，包括境外投资者以分得利润进行的增资、新建、股权收购等权益性投资行为〔但不包括新增、转增、收购上市公司股份（符合条件的战略投资除外）〕不征预提所得税。

全部解决！

税节省了，结果呢，降低的是内部融资成本，促进的是企业扩大境内投资。这应该就是"功德圆满"的税负规划方案吧!

北交所开市前夜,看财政部的配套文件如何"绵里藏针"

万众瞩目的北京证券交易所于2021年11月15日正式开市,从宣布成立北交所开始,历时不到3个月。首批81家上市公司"专精特新"特点突出,累计发行股票18.10亿股,实现募资178.64亿元,平均每家公司实现募资2.2亿元,充分体现出北交所致力于服务创新型中小企业的定位,将更好地培育"专精特新"企业,打造服务创新型中小企业主阵地。

就在北交所开市前夜,相关税务配套政策也由财政部"低调"发布:

关于北京证券交易所税收政策适用问题的公告
(财政部 税务总局公告2021年第33号)

为支持进一步深化全国中小企业股份转让系统(以下称新三板)改革,将精选层变更设立为北京证券交易所(以下称北交所),按照平稳转换、有效衔接的原则,现将北交所税收政策适用问题明确如下:

新三板精选层公司转为北交所上市公司,以及创新层挂牌公司通过公开发行股票进入北交所上市后,投资北交所上市公司涉及的个人所得税、印花税相关政策,暂按照现行新三板适用的税收规定执行。涉及企业所得税、增值税相关政策,按企业所得税法及其实施条例、《财政部 国家税务总局关于全面推开营业税改征增值税试点的通知》(财税〔2016〕36号)及有关规定执行。

特此公告。

财政部
税务总局
2021年11月14日

看似简简单单的几句表述，实则绵里藏针。

第一根针：确定单位投资者转让北交所上市公司限售股与流通股都要按"金融商品转让"缴纳增值税。自然人股东则免征增值税。

这一针在增值税上给了北交所股票跟上交所、深交所股票相同的地位。

第二根针：确定了上市公司限售股和新三板挂牌公司原始股分红适用不同税收政策。根据《财政部　国家税务总局　证监会关于实施上市公司股息红利差别化个人所得税政策有关问题的通知》（财税〔2012〕85号），对个人持有的上市公司限售股，解禁前取得的股息红利，暂减按50%计入应纳税所得额，适用20%的税率计征个人所得税。而新三板挂牌公司没有类似规定，原始股分红可以直接适用差别化个人所得税政策。北交所企业虽然是上市公司，但在个人所得税方面明确按照新三板政策执行，因此我们认为北交所企业原始股分红也可以直接适用差别化个人所得税政策。

持股类型及期限		沪深上市公司	北交所上市公司、新三板挂牌公司	其他公司
非限售股	持股超1年	暂免税	暂免税	全额征税
	持股超1个月不超1年	暂减半征税	暂减半征税	
	持股不超1个月	全额征税	全额征税	
限售股	持股超1年	暂减半征税	暂免税	—
	持股超1个月不超1年		暂减半征税	
	持股不超1个月		全额征税	

这一针在限售股股东分红个人所得税上保留了北交所股票跟新三板相同的地位，避免了以上两个问题的长期争议。

这第三针，才是最为稳准狠的一针，直接从源头上锁死了北交所上市公司自然人大股东们解禁时通过"高送转"方式避税的空间。

为了让各位看官有更直观的感受，我们先看一组数据：

名称	送转股份 送转总比例	送转股份 送股比例	送转股份 转股比例	现金分红 现金分红比例	现金分红 股息率（%）	每股收益（元）	每股未分配利润（元）	净利润同比增长（%）	预案公告日	股权登记日	除权除息日	方案进度
劲胜智能	10转30.0	—	10转30.0	—	—	-2.12	-0.35	-732.85	1月25日	5月27日	5月30日	实施分配
中科创达	10转29.1	—	10转29.1	10派4.8479	0.16	1.55	2.42	3.83	4月25日	6月16日	6月17日	实施分配
神州长城	10转28.0	—	10转28.0	—	—	1.5	1.69	85.51	2月15日	6月6日	6月7日	实施分配
怡球资源	10送9.0转19.0	10送9	10转19.0	—	—	0.02	1.1	-67.6	6月27日	7月25日	7月26日	实施分配
浩丰科技	10转28.0	—	10转28.0	10派5.0	0.25	1.42	5.75	6.53	3月31日	4月28日	4月29日	实施分配
辉丰股份	10转28.0	—	10转28.0	10派1.0	0.4	0.45	1.85	-14.09	3月18日	5月30日	5月31日	实施分配

这些上市公司动辄10送30，如此这般的"大动干戈"，葫芦里卖的什么药？让我们重新看看当年的财税〔2009〕167号文件吧：

二、本通知所称限售股，包括：

1.上市公司股权分置改革完成后股票复牌日之前股东所持原非流通股股份，以及股票复牌日至解禁日期间由上述股份孳生的送、转股（以下统称股改限售股）；

2. 2006年股权分置改革新老划断后，首次公开发行股票并上市的公司形成的限售股，以及上市首日至解禁日期间由上述股份孳生的送、转股（以下统称新股限售股）；

3.财政部、税务总局、法制办和证监会共同确定的其他限售股。

就是说，解禁后限售股的送转股则不算作限售股，不征税。这个可以理解，没问题。但问题是，高送转使得股价除权后价格变低了，而税务局没有说解禁后限售股的征税，也没说将前面要征税的限售股调回除权前的价格。限售股卖出时的股价就这样被打折了，送转越高打折越多。简单点说，就是你有1,000万股限售股，现在股价是10元/股。解禁后你10送10，于是，你不仅有1,000万股要交税的限售股，还有1,000万股不用交税的流通股。除权价可能在5元/股，你要交税的限售股的市价变低了，要交的税少了。

财政部与税务总局也是非常专业的，下发了《关于个人转让全国中小企业股份转让系统挂牌公司股票有关个人所得税政策的通知》（财税〔2018〕137号），对个人转让新三板挂牌公司非原始股取得的所得，暂免征收个人所得税；对个人转让新三板挂牌公司原始股取得的所得，按照"财产转让所得"，适用20%的比例税率征收个人所得税。值得注意的是，财税〔2018〕137号文明确，原始股孳生的送、转股，无论送转股具体发生在何时，均属于原始股的范畴。

是的，你没看错，大比例送转避税的漏洞到此被堵上了。

由法人持股变为个人持股到底卖的什么药？

海力股份于2021年5月14日发布公告，披露实际控制人为江海林、江云锋。截至目前，江海林（控股股东）直接持有海力股份29.19%的股份，江海林之子江云锋直接持有海力股份29%的股份，父子二人通过海力控股间接控制海力股份20.13%的股份，通过益中投资间接控制海力控股0.45%的股份。

综上，江海林、江云锋父子二人合计控制78.77%的股份（合计5,262万股）。此外，江云锋目前担任发行人董事长，江海林担任发行人董事。

2019年至今，大股东海力控股共减持了近900万股上市公司股票，这种突然的大幅度减持引起了监管部门的注意。证监会要求其说明集中减持的原因及合理性，是否存在规避关于控股股东监管要求的情形。

那么这个事件跟税务有什么关系呢？众所周知，上市公司大股东的税务问题，永恒不变的三大主题是：

1. 取得税负
2. 持有税负
3. 处置税负

也就说，如果这个减持跟税务有关系，通常是因为上面的三个原因之一。

从公告的内容看，我们似乎应该关注的是大股东减持时的处置税负问题。但是，当我们再往下看时就会发现一个奇怪的现象：

海力控股减持的 8,995,000 股股票，除 2,000 股为二级市场向公众股东减持外，其余 8,993,000 股均为实际控制人及一致行动人之间的交易。也就是说，江海林、江云锋父子将自己控制的有限公司制持股平台海力控股手里的海力股份股票转手卖给了自己！

这种左手倒右手的操作到底是在闹哪样？

首先，排除取得税负问题。都是大股东了，自然不用考虑这个问题了。

其次，就是持有税负了。持有税负来自哪里？猜得没错，股息红利！但是大股东海力控股作为有限责任公司，从持有期间超过 12 个月的上市公司取得股息红利应该是免征企业所得税的啊。倒手到自然人手里有什么意义呢？

继续看公告：

"海力控股作为法人股东，收到股利分配后再分红至自然人股东时，个人仍需缴纳个人所得税，即无法享受前述个人所得税优惠政策，基于此项税务筹划原因，将部分股份转让给自然人持有。"

上市公司分红到法人股东身上的确是免税了，但是，如果法人股东再分红给上面的自然人股东呢？不是还有 20% 的个人所得税吗？如果转给自然人持有呢？

《财政部　税务总局　证监会关于继续实施全国中小企业股份转让系统挂牌公司股息红利差别化个人所得税政策的公告》（财政部、税务总局、证监会公告 2019 年第 78 号）有云：个人持有挂牌公司的股票，持股期限超过 1 年的，对股息红利所得暂免征收个人所得税。该公告所称个人持有挂牌公司的股票包括在全国中小企业股份转让系统挂牌前取得的股票。

这么简单的套路笔者竟然没有看出来！

三大问题已去其二，最后的那个呢？对，解禁税负！

如果是法人股东海力控股持股，解禁退出时如果有增值，是不是还得有企业所得税？就算新三板股票没有增值，那现金分回自然人股东是不是还有个税？现在转成了自然人持有，最大的变化是什么？

是股票的性质！

限售期虽然结束了，但只要还在原股东手里不转让，那就还是限售股。而现在左手倒右手，股票卖给了自然人，股票性质就变成了流通股。

因为自然人是在二级市场上取得的股票，根据《关于个人转让全国中小企业股份转让系统挂牌公司股票有关个人所得税政策的通知》（财税〔2018〕137号）：自2018年11月1日（含）起，对个人转让新三板挂牌公司非原始股取得的所得，暂免征收个人所得税。本通知所称非原始股是指个人在新三板挂牌公司挂牌后取得的股票，以及由上述股票孳生的送、转股。

持有股息、转让所得，所得税全免，一举多得。而上市公司在答复证监会的公告中却只说了第一步，对第二步只字未提！

知道了，叫成长；知道了不说，叫成熟！

一个将夫妻关系在股转中用到极致的案例

商络电子于2021年1月14日发布公告，披露了财务投资人张磊在发行人整体变更（2015年8月）前夕及挂牌新三板期间，三次向妻子谢丽转让商络电子股权，转让价格为无偿或者按照原始投资成本定价。

第一回合，2015年5月股权转让。根据公告披露，系因张磊长期从事贸易、股权投资业务，涉及股东开会、签署文件等程序性事务比较烦琐，2015年年初，张磊与其配偶谢丽对投资的企业进行梳理，决定将张磊持有包括发行人在内的部分企业的股权陆续转让给谢丽，由谢丽负责与被投资企业对接……总之，2015年5月，张磊将其持有发行人18.05%的股权无偿转让给谢丽，因系夫妻之间的财产转让，本次股权转让无交易对价。

都知道，自然股权转让价低于被转让企业净资产对应份额时，可以视为股权转让价明显偏低，税务机关有权核定转让价格。但是夫妻嘛，自从请乡亲们喝了喜酒以后，就昭告天下，从此没有我的，他的，都是我们的了！既然是我们的，就叫夫妻共同财产。

当然，法律上也是认可的，君不见《股权转让所得个人所得税管理办法（试行）》的相关规定，股权转让给其能够提供具有法律效力身份关系证明的配偶等近亲属的，若股权转让收入明显偏低视为有正当理由，主管税务机关可不予核定股权转让收入。

讲到这里，笔者不禁想到一个笑话：某年某月某地某委规定，两名以上公职人员不得一同聚餐，否则以违纪论处。半年后，某君来找领导问这个规定什么时候到期，因为他老婆跟他同是公职人员，他已经把老婆打发回娘家半年了，两名以上公职人员不能一同就餐，怕违纪。哈哈，官僚主义害死人。

尝到甜头的张磊夫妇，转过年再来了一波操作。注意，此时，商络电子已经在新三板挂牌了。

第二回合，2016年3月谢丽作为商络电子的发起人，以4元/股的价格向商络电子认购40万股股份。接下来的问题我们在以往的文章中多次提到，股权嘛，永恒的三大问题：取得、持有、处置。取得，关键是非货币资产投资，本案并不涉及。持有，自然是涉及股息、红利个人所得税。处置，当然就是股权转让个税问题。

在上一篇中，我们提到过新三板企业分红税负问题的处理思路，根据《财政部　税务总局　证监会关于继续实施全国中小企业股份转让系统挂牌公司股息红利差别化个人所得税政策的公告》（财政部、税务总局、证监会公告2019年第78号）：个人持有挂牌公司的股票，持股期限超过1年的，对股息红利所得暂免征收个人所得税！该公告所称个人持有挂牌公司的股票包括在全国中小企业股份转让系统挂牌前取得的股票。

因此，新三板股票由自然人持有可以有效解决分红个税问题，现金入袋，个税全免。

那处置时的个税呢？谢丽可是限售股股东，其持有限原始股转让按规定是应该交个税的啊。于是，财税〔2018〕137号规定：自2018年11月1日（含）起，对个人转让新三板挂牌公司非原始股取得的所得，暂免征收个人所得税。本通知所称非原始股是指个人在新三板挂牌公司挂牌后取得的股票，以及由上述股票孳生的送、转股。

原始取得的转让时交个税，非原始股免征。怎么才能把原始股变成非原始股呢？没想到夫妻关系在这时候派上用场啦！

一不做，二不休，2016年7月，谢丽通过全国股转系统将其持有商络电子40万股股份转让给张磊。本次股份转让按照谢丽于2016年3月认购发行人股份的价格4元/股定价，未产生转让所得，不涉及税收缴纳的情况。就这样，这批原始股被成功洗成了流通股。未来无论张磊以什么价格转让，均不用缴纳个人所得税。

不对呀，张磊工作不是比较忙吗？不是没时间处理烦琐事项吗？这会儿怎么突然闲了？管起琐事来啦？不要紧，如果有需要，他还会"忙"起来的。

第三回合来了，公告显示，2017年年初，商络电子启动上市计划，张磊考虑到其日常工作繁忙，无法及时、高效配合发行人的上市工作，而谢丽主要负责与其夫妻二人所投企业的对接，为了能高效配合发行人的上市工作，张磊又将其持有的发行人40万股股份转回给谢丽，张磊不再持有发行人的股份。本次股份转让按照张磊原始投资成本4元/股定价，未产生转让所得，不涉及税收缴纳的情况。

果然，张磊又开始"忙"起来啦。这次谢丽可是持有准上市公司限售股啊，一旦将来上市成功，需要解禁套现时，又是一大笔个人所得税。到时张磊完全可以重现第二回合的高光时刻，再次不"忙"，接下谢丽持有的上市公司限售股，再一次将限售股洗成流通股，以便将来高价解禁时，再次免征个人所得税。

让我们回顾一下这对夫妻的操作：

1. 新三板上市前，自然人持股，夫妻间低价转让；

2. 自然人持有新三板股权一年以上，分红即免征个人所得税；

3.转让新三板股权可能涉及溢价,夫妻再次转让把限售股变成流通股,未来溢价转让免个税;

4.转板之前再次夫妻间低价转让;

5.转板之后套现,夫妻间可以再次低价转让。

这画面,想想都"完美"!

从嘉泽新能源的公告看"可转债"的税会差异处理

《国家税务总局关于企业所得税若干政策征管口径问题的公告》(国家税务总局公告2021年第17号)首次对可转债所得税处理做出规定,今天我们就结合嘉泽能源的公告分析一下这些规定的实务应用。

宁夏嘉泽新能源股份有限公司
关于可转债转股数量超过转股前公司已发行股份总额的10%暨股份变动公告

一、可转债发行上市概况

(一)经中国证券监督管理委员会证监许可〔2020〕1512号文核准,公司于2020年8月24日公开发行了13,000,000张可转换公司债券,每张面值100元,发行总额130,000万元,期限为自发行之日起6年。

(二)经上海证券交易所自律监管决定书〔2020〕314号文同意,公司130,000万元可转换公司债券将于2020年9月17日起在上海证券交易所挂牌交易,债券简称"嘉泽转债",债券代码"113039"。

(三)根据《上海证券交易所股票上市规则》等有关规定及《宁嘉泽新能源股份有限公司公开发行A股可转换公司债券募集说明书》的约定,公司该次发行的"嘉泽转债"自2021年3月1日起可转换为本公司股份。

金融工具的本质就是一个"债"字,由这个字而引发出了债权性投资、权益性投资、混合性投资、衍生工具投资。

嘉泽新能源本次发生的可转债就是典型的混合性投资,表面上看它是债,但它也可以转为股,那相应的税会差异处理就很有意思了。现在假设我们一次性把这13亿元的债券全部吃入,发生相关费用0.5亿元。

1. 买入时

会计处理:

根据《企业会计准则第22号——金融工具确认和计量》,由于我们此时真的不知道将来是不是会转股,所以此时只能按照"公允价值计量且其变动计入当期损益"来处理。

借:交易性金融资产——债权　　　　　　　　13亿元
　　投资收益　　　　　　　　　　　　　　　0.5亿元
　贷:银行存款　　　　　　　　　　　　　　13.5亿元

税务处理:

根据《企业所得税法实施条例》第七十一条:通过支付现金方式取得的投资资产,以购买价款为成本。如果按所得税逻辑,这笔账应该是这样的:

借:交易性金融资产——债权　　　　　　　　13亿元
　　投资收益——交易费　　　　　　　　　　0.5亿元
　贷:银行存款　　　　　　　　　　　　　　13.5亿元

2. 付息时(假设年化利率10%)

会计处理:

借:应收利息　　　　　　　　　　　　　　　1.3亿元
　贷:投资收益　　　　　　　　　　　　　　1.3亿元

税务处理:

《国家税务总局关于企业所得税若干政策征管口径问题的公告》(国家税务总局公告2021年第17号):购买方企业购买可转换债券,在其持有期间按照约定利率取得的利息收入,应当依法申报缴纳企业所得税。

这里的"约定利率"四个字非常重要,因为我们这个例子中这笔可转债是按公允价值计量的,不排除有些债主会按照摊余成本计量。而摊余成本计量时,通常会采用"实际利率",而不是"约定利率"(即票面利率)。

本条实际解决了采用摊余成本计量时税前扣除按"实际利率"还是"约定利率"的争议。其实笔者一直认为，会计强调的是"公允"，税法强调的是"确定"，税法有自己的原则，不可能完全按会计原则来。那种认为所得税应和会计一致的想法可以休矣。17号公告这个规定再次强调了企业所得税的独立性，应该点赞。

同时可以推理出，既然债主按约定利率交税，相应地，发债人也应该按约定利率税前扣除。因此，17号公告继续明确：发行方企业发生的可转换债券的利息，按照规定在税前扣除。

还有一件事需要说明，那就是发债方嘉泽新能源税前扣除凭证问题。目前只看到《北京市税务局企业所得税实务操作政策指引（第一期）》：企业在证券市场发行债券，通过中国证券登记结算有限公司（以下简称中国结算）向投资者支付利息是法定要求，考虑到中国结算转给投资者的利息支出均有记录，税务机关可以通过中国结算获取收息企业信息，收息方可控的实际情况，允许债券发行企业凭中国结算开具的收息凭证、向投资者兑付利息证明等证据资料税前扣除。

其他地区虽然没有明确规定，但笔者相信税务机关不会在这种特殊的事情上跟企业纠结。

3.转股时（假设费用0.5亿元）

转股情况：截至2021年6月22日，累计共有741,912,000元"嘉泽转债"已转换成公司股票，累计转股数213,389,622股，占可转债转股前公司股本总额2,074,100,000股的10.29%。

会计处理：

借：交易性金融资产——股权　　　　　　　　　7.4亿元

　　投资收益——交易费　　　　　　　　　　　0.5亿元

贷：交易性金融资产——债权　　　　　　　　　7.4亿元

　　银行存款　　　　　　　　　　　　　　　　0.5亿元

税务处理：

《企业所得税法实施条例》第七十一条：**通过支付现金以外的方式取得的投资资产，以该资产的公允价值和支付的相关税费为成本。**也就是说，这个分录应该是这样的：

借：交易性金融资产——股权　　　　　　　　7.9亿元
　　贷：交易性金融资产——债权　　　　　　　7.4亿元
　　　　银行存款　　　　　　　　　　　　　　0.5亿元

如果债主在收到1.3亿元利息后将债券转为股权，以上处理也就结束了，但是大家别忘了，咱们前面可没这么交代。也就是说，嘉泽新能源虽然宣布了还利息，但还没有真正付息。这个时候转股，往往是连没有实发的1.3亿元利息一同转股。此时税会差异处理如下。

会计处理：

借：交易性金融资产——股权　　　　　　　　1.3亿元
　　贷：应收利息　　　　　　　　　　　　　　1.3亿元

税务处理：

17号公告明确：**购买方企业可转换债券转换为股票时，将应收未收利息一并转为股票的，该应收未收利息即使会计上未确认收入，税收上也应当作为当期利息收入申报纳税；转换后以该债券购买价、应收未收利息和支付的相关税费为该股票投资成本。**

非常明确，既然你宣布发息了，根据权责发生制，就应该交企业所得税了，后面把利息直接转股了怎么办？那就计入股票投资成本呗。逻辑非常清楚。

同样，对于发债人而言，17号公告明确，发行方企业按照约定将购买方持有的可转换债券和应付未付利息一并转为股票的，其应付未付利息视同已支付，按照规定在税前扣除。一边交税，另一边扣除，没毛病！

只是这个"视同已支付"，十分新颖，必须怒赞！

第六部分

资产配置

珠海冠宇17.84亿元的固定资产是怎么实现一次性税前扣除的？

如果我告诉你，17亿元的新增固定资产，其折旧可以一年内在企业所得税税前扣除，你信吗？

只有想不到，没有做不到。这不，珠海冠宇就给我们上了一课。

珠海冠宇于2021年2月2日发布科创板审核问询函公告，披露2020年6月末，公司固定资产账面价值高于其计税基础103,427.79万元，被上交所质疑合规性、合理性。固定资产账面价值高于其计税基础，通常情况下都是因为公司享受了加速折旧政策导致的。关于固定资产加速折旧政策，主要源于财税〔2018〕54号规定："企业在2018年1月1日至2020年12月31日期间新购进的设备、器具，单位价值不超过500万元的，允许一次性计入当期成本费用在计算应纳税所得额时扣除，不再分年度计算折旧。"而2021年，这个政策执行期被延长到2023年底。

不过这里有一个非常重要的概念——"单位价值"。具体工作中，这个单位价值怎么掌握呢？我们知道，财税字头的文件一般为财政部税政司发文，属于立法口径，而执法口径一般会由税务总局以税总公告的形式下发。果然，《国家税务总局关于设备器具扣除有关企业所得税政策执行问题的公告》（国家税务总局公告2018年第46号）对这个问题做了进一步解释：

"以货币形式购进的固定资产，以购买价款和支付的相关税费以及直接归属于使该资产达到预定用途发生的其他支出确定单位价值，自行建造的固定资产，以竣工结算前发生的支出确定单位价值。"

要是哪个企业把全部购入固定资产都给拆成单笔不超过500万元的小资产入固定资产账的话，是不是就钻了一个大漏洞？让我们看看珠海冠宇的答复。

《关于珠海冠宇电池股份有限公司首次公开发行股票并在科创板上市申请文件审核问询函的回复》详细披露如下：

(四)固定资产账面价值高于计税基础的主要构成及产生原因

报告期末，公司固定资产账面价值高于计税基础产生的主要原因为公司对新购进固定资产申请一次性税前扣除。固定资产账面价值高于计税基础的构成如下：

单位：万元

固定资产类别	账面价值	计税基础	应纳税暂时性差异
机器设备	93,998.02	—	93,998.02
电子设备	5,610.46	—	5,610.46
家具及办公设备	3,070.16	—	3,070.16
生产辅助设备	521.65	—	521.65
运输设备	227.50	—	227.50
合计	103,427.79		103,427.79

……

报告期内，公司持续扩产，报告期期末较期初增加固定资产（除房屋建筑物）原值178,351.52万元。同时，公司以单个设备的形式购入固定资产，并非整条生产线一并购入。截至2020年6月30日，占固定资产（除房屋建筑物）原值超过90%的单件设备价值集中在500万元以下。公司将符合前述规定的固定资产申请税前一次性计入当期成本费用在计算应纳税所得额时扣除，因此上述资产的计税基础为0。

但根据企业会计准则及公司会计政策，上述固定资产不能一次性计入成本费用，需按年限平均法计提折旧，故形成了税务处理和会计处理差异，造成了发行人固定资产账面价值高于计税基础的情况。

"以单个设备的形式购入固定资产，并非一整条生产线一并购入""90%

的单件设备价值集中在500万以下"，17.8亿元折旧就这么税前扣除了。就问你意不意外？惊不惊喜？开不开心？

优质资产像积木结构，要想实现降税负调整得分步

企业集团就像一个大家庭，内部有很多小家庭。集团的优质资产就像一块块积木，很多时候需要在不同小家庭之间调换。而这些资产所在的公司，就像一个个装积木的盒子。所谓资产重组，就像把这些盒子从一个小家庭换到另一个小家庭一样，只需要调整盒子的归属（股权）就可以实现。

调换过程中，难免涉及所得税问题，本文所涉及的财税〔2009〕59号文件、财税〔2014〕109号文件等就是解开这些所得税问题的密钥。关于这些文件的学习，最好结合实务案例，今天我们就大家展示一个"看上去很复杂"的案例，大家可以设想一下，如果你就是当事企业的财务负责人，你会如何设计交易结构呢？

澳洋顺昌于2020年10月26日发布公告披露："拟将四家金属物流业务主体（上海澳洋顺昌、张家港润盛、广东顺昌及广东润盛）全部整合在控股子公司顺昌科技旗下，并拟通过三步按顺序分步实施本次股权调整，最终达到金属物流业务全部归集在控股子公司顺昌科技合并报表范围内的目的，即由控股子公司顺昌科技直接持有上海澳洋顺昌、张家港润盛、广东顺昌及广东润盛100%股权。"

这种用文字表述不清楚的事情，要画图！

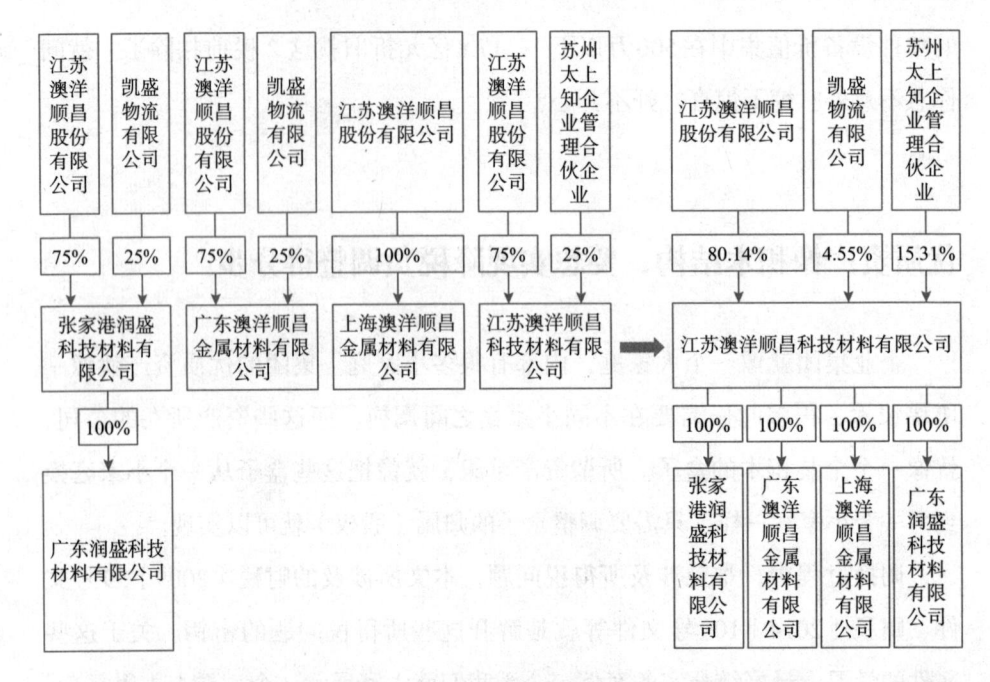

```
┌─────────┐ ┌─────┐ ┌─────────┐ ┌─────┐ ┌─────────┐ ┌─────────┐ ┌─────────┐    ┌─────────┐ ┌─────┐ ┌─────────┐
│江苏     │ │凯盛 │ │江苏     │ │凯盛 │ │江苏     │ │江苏     │ │苏州     │    │江苏     │ │凯盛 │ │苏州     │
│澳洋     │ │物流 │ │澳洋     │ │物流 │ │澳洋     │ │澳洋     │ │太上知   │    │澳洋     │ │物流 │ │太上知   │
│顺昌     │ │有限 │ │顺昌     │ │有限 │ │顺昌     │ │顺昌     │ │企业管   │    │顺昌     │ │有限 │ │企业管   │
│股份     │ │公司 │ │股份     │ │公司 │ │股份     │ │股份     │ │理合     │    │股份     │ │公司 │ │理合     │
│有限     │ │     │ │有限     │ │     │ │有限     │ │有限     │ │伙企     │    │有限     │ │     │ │伙企     │
│公司     │ │     │ │公司     │ │     │ │公司     │ │公司     │ │业       │    │公司     │ │     │ │业       │
└────┬────┘ └──┬──┘ └────┬────┘ └──┬──┘ └────┬────┘ └────┬────┘ └────┬────┘    └────┬────┘ └──┬──┘ └────┬────┘
    75%       25%       75%       25%      100%         75%        25%            80.14%    4.55%    15.31%
     └─────────┘         └─────────┘         │            └───────────┘               └────────┴────────┘
          │                   │              │                  │                              │
    ┌─────────┐         ┌─────────┐    ┌─────────┐        ┌─────────┐            ┌─────────────────────────┐
    │张家港润盛│         │广东澳洋 │    │上海澳洋 │        │江苏澳洋 │            │江苏澳洋顺昌科技材料有限公司│
    │科技材料 │         │顺昌金属 │    │顺昌金属 │        │顺昌科技 │            └─┬──────┬──────┬──────┬──┘
    │有限公司 │         │材料公司 │    │材料公司 │        │材料公司 │            100%   100%   100%   100%
    └────┬────┘         └─────────┘    └─────────┘        └─────────┘          ┌─────┐┌─────┐┌─────┐┌─────┐
        100%                                                       ───────►    │张家港││广东 ││上海 ││广东 │
    ┌─────────┐                                                                │润盛 ││澳洋 ││澳洋 ││润盛 │
    │广东润盛 │                                                                │科技 ││顺昌 ││顺昌 ││科技 │
    │科技材料 │                                                                │材料 ││金属 ││金属 ││材料 │
    │有限公司 │                                                                │有限 ││材料 ││材料 ││有限 │
    └─────────┘                                                                │公司 ││有限 ││有限 ││公司 │
                                                                               │     ││公司 ││公司 ││     │
                                                                               └─────┘└─────┘└─────┘└─────┘
```

也就是说，江苏澳洋顺昌、凯盛物流把自己持有的张家港润盛、广东澳洋、上海澳洋、广东润盛四家公司的股权全部装入江苏澳洋体内。

公告披露了企业的操作步骤：

通过以下三步按顺序分步实施：

（一）股权划转

1.澳洋顺昌将持有的上海顺昌100%股权按2020年9月30日账面净资产85,675,289.66元转让给控股子公司顺昌科技；

2.澳洋顺昌将持有的广东顺昌75%股权根据2020年9月30日合并账面净资产按持股75%比例以57,570,043.73元转让给控股子公司顺昌科技。

（二）股权增资

1.根据公司与凯盛物流及苏州太上知达成的增资意向，凯盛物流将持有的广东顺昌25%股权及张家港润盛25%股权根据2020年9月30日合并账面净资产按持股比例以股权增资的方式增资顺昌科技，增加顺昌科技注册资本6,386万元；

2.澳洋顺昌将持有的张家港润盛75%股权根据2020年9月30日账面净资产按持股比例以股权增资的方式增资顺昌科技，增加顺昌科技注册资本14,437万元。

（三）子公司之间股权划转

张家港润盛将持有的广东润盛100%股权按2020年9月30日账面净资产86,846,197.64元转让给顺昌科技。

复杂的问题一经拆分，就会变得清晰简单。虽然公告没有明确各步交易的支付方式、会计处理与税务处理，但我们可以自行理解一下。

1.本质上，这几步重组都是股权转让，所涉及的税种主要是企业所得税。

2.由于是集团内整合，所以通常不会产生现金支付，除非是对整合后股东的持股比例有限定。

3.由于是集团内整合，所以最好能让企业所得税适用递延纳税政策。

只要规划得当，以上目标完全可以实现，具体来说：

1.澳洋顺昌将持有的上海顺昌100%股权按2020年9月30日账面净资产85,675,289.66元转让给控股子公司顺昌科技。

本步骤可以用顺昌科技向上海顺昌发起股权收购，收购上海顺昌100%的股权。同时，向上海顺昌原股东澳洋顺昌增发股权，完成换股。由于股权收购与股权支付均为100%，所以符合财税〔2009〕59号文件规定的"股权收购"适用特殊性税务处理情形，即转让方澳洋顺昌暂不缴纳企业所得税。

2.澳洋顺昌将持有的广东顺昌75%股权根据2020年9月30日合并账面净资产按持股75%比例以57,570,043.73元转让给控股子公司顺昌科技。凯盛物流将持有的广东顺昌25%股权根据2020年9月30日合并账面净资产按持股比例以股权增资的方式增资顺昌科技，增加顺昌科技注册资本。

本步骤可以用顺昌科技向广东顺昌发起股权收购，收购广东顺昌100%的股权。同时，向广东顺昌原股东澳洋顺昌及凯盛物流增发股权，完成换股。由于股权收购与股权支付均为100%，所以符合财税〔2009〕59号文件规定的"股权收购"适用特殊性税务处理情形，即转让方澳洋顺昌和凯盛物流暂不缴纳企业所得税。

3.凯盛物流将张家港润盛25%股权、澳洋顺昌将持有的张家港润盛75%股权以增资的方式转入顺昌科技。

本步骤可以用顺昌科技向张家港润盛发起股权收购，收购张家港润盛100%的股权。同时，向张家港润盛原股东澳洋顺昌及凯盛物流增发股权，完成换股。由于股权收购与股权支付均为100%，所以符合财税〔2009〕59号文件规定的"股权收购"适用特殊性税务处理情形，即转让方澳洋顺昌和凯盛物流暂不缴纳企业所得税。

4.张家港润盛将持有的广东润盛100%股权按2020年9月30日账面净资产86,846,197.64元转让给顺昌科技。

注意，此时张家港润盛已经成为顺昌科技100%控股的子公司，而广东润盛又是张家港润盛100%控股的子公司。所以，如果张家港润盛将账上的资产"长期股权投资——广东润盛"无偿划转给母公司顺昌科技，则完全符合财税〔2014〕109号文件规定的"资产划转"适用特殊性税务处理情形，即转让方和受让方均不确认所得。

5.以上步骤操作完毕后，顺昌科技的股东就变成了澳洋顺昌、凯盛物流和太上知三家。如果因为对三家持股比例有固定要求而导致顺昌科技增发的股权受到限制的情况发生，则可以考虑以部分现金加入以上4步交易当中进行调整。

这正是：优质资产像积木结构，要想实现降税负调整得分步。

债权、债务及劳动力一并划转不征增值税，资料该如何准备？

在众多的企业并购重组业务中，增值税方面的一个规定总是那么显眼，就是这句：

"（二）不征收增值税项目……在资产重组过程中，通过合并、分立、出售、置换等方式，将全部或者部分实物资产以及与其相关联的债权、负债和劳动力一并转让给其他单位和个人，其中涉及的不动产、土地使用权转让行为。"

大家都知道这个规定，但是在实务中如何做到这一点，如何准备资料，却经常一头雾水。今天，就给大家看一个可以当教科书的公告。

盈峰环境于2018年10月9日和18日两次回复证监会关于重大资产重组的审核意见，披露盈峰环境拟收购中联环境100%股权，收购标的此前在中联重科旗下进行一系列内部重组，即通过无偿划转及有偿受让和增资两步骤方式，实现中联重科注入环卫业务及资产。中联重科将环卫业务部门业务和资产注入标的资产分为两步：

第一步，2017年5月21日，按照账面净值，通过无偿划转的方式，将环卫机械业务及相关资产负债注入标的资产；

第二步，2017年5月21日，根据《股权转让协议》约定，通过有偿转让及增资的方式，中联重科将三宗土地注入中联环境并签署知识产权转让及许可等协议。

内部重组后，中联重科旗下所有环境产业业务全部由中联环境及其子公司承接。注入业务、资产负债的具体内容如下表所示：

并入的资产		并入的负债	
项目	金额（元）	项目	金额（元）
货币资金	2,021,639,407.70	应付账款	1,924,660,771.75
应收票据	9,327,920.00	预收款项	105,611,941.67
应收账款	3,102,676,981.98	应付职工薪酬	27,159,503.20
预付款项	6,886,844.55	其他应付款	4,982,849,092.06
其他应收款	76,174,196.74	应付股利	224,850,000.00
存货	763,782,919.24		
一年内到期的非流动资产	535,883,984.30		
长期应收款	549,507,587.92		
固定资产	426,928,890.15		
在建工程	90,092,738.32		
无形资产	193,116,274.65		
递延所得税资产	47,712,027.53		

根据《资产划转协议》，自协议签署之日起，中联环境即享有所划转环卫资产的所有权，享有并承担与环卫资产相关的所有权利和义务；中联重科不再享有与环卫资产相关权利，也不承担相关义务。

1.中联重科将环卫业务部门业务和资产注入标的资产所涉及业务和资产的具体内容、注入的具体时间

中联重科于2017年5月31日将环卫资产账面划转给中联环境后（即资产权益交割完毕），需要完成以下手续：

（1）土地使用权、商标等无形资产的注入需在主管部门办理相应转让/许可备案手续；

（2）环卫业务部门的员工劳动关系需由中联重科转移至中联环境；

（3）中联重科将2017年5月31日环卫业务部门的资产负债划转至中联环境的财务会计处理；

（4）向供应商、客户履行业务变更通知等相应变更手续。

上述划转的资产和业务的具体内容、注入时间如下：

（1）资产过户情况

序号	资产类型	注入资产具体内容	注入时间（转让/许可备案手续完成时间）
1	土地使用权	"长国用（2013）第098634号"土地使用权	2017年5月，办理完成土地使用权过户手续（按评估值）
		中联重科将"长国用（2015）第039811号"、"长国用（2015）第039812号"二宗土地使用权增资入股中联环境	1. 2017年6月，土地使用权增资入股完成工商变更登记手续； 2. 2017年11月，办理完成土地使用权过户手续
2	商标	154项"中标"商标转让	2018年4月30日之前完成145件商标转让，2018年9月30日完成剩余9件商标转让
3	许可使用商标	28项中联重科商标许可	2018年4月30日之前完成
4	专利	中联重科将332件专利及97件专利申请权转让给中联环境	2018年4月30日前全部完成

续表

序号	资产类型	注入资产具体内容	注入时间（转让/许可备案手续完成时间）
5	软件著作权	20项软件著作权	2018年4月30日前全部完成
6	项目子公司股权	中联重科在连平中联、宁远中联、扶绥中联、花垣中联、汉寿中联、安化中联、慈利中联、张家界中联、中方中联以及石门中联等十家项目公司的股权权益	2017年12月31日，中联环境与中联重科签订《股权转让协议》，确认项目公司中的所有股权权益于2017年7月1日转移至中联环境（其中连平中联、宁远中联、扶绥中联、花垣中联自公司成立之日起转移）

（2）员工的劳动关系转移

根据《股权转让协议》的约定，1,005名员工劳动关系由中联重科转移至中联环境（协议约定70%以上员工与中联环境签署劳动合同即可）。

截至2017年6月30日除20名员工劳动关系仍保留在中联重科外，《股权转让协议》约定的985名员工均与中联环境签署劳动合同并由中联环境缴纳社保、公积金，符合协议约定。

根据中联环境的书面确认，中联环境未因本次资产划转事项产生员工纠纷或争议。

（3）财务划转

项目	金额（元）	交割情况
货币资金	2,021,639,407.70	截至2017年5月31日，货币资金由中联重科划转给中联环境。
应收票据	9,327,920.00	截至2017年5月31日，应收票据由中联重科背书给中联环境。
应收账款	3,102,676,981.98	1）主要系环卫业务销售形成的货款，中联重科对该应收销售款（含应收账款、一年内到期的非流动资产、长期应收款，下同）不享有实际支配权，中联环境通过专用账户独立完成应收销售款的收转。2）根据中联重科和中联环境向客户发出业务转让通知及其说明，中联环境自2017年6月1日起全部承接中联重科环境产业业务，将截至2017年5月31日环境业务的合同、应收账款、预收账款等转

续表

项目	金额（元）	交割情况
一年内到期的非流动资产	535,883,984.30	移至中联环境，具体详见"反馈问题2/一、中联重科将环卫业务部门业务和资产注入标的资产的具体时间、所涉业务和资产具体内容，是否履行了必要的决策程序，有无未决法律纠纷/（一）中联重科将环卫业务部门业务和资产注入标的资产所涉及业务和资产的具体内容、注入的具体时间/4、业务合同履约主体的变更情况"。
长期应收款	549,507,587.92	3）截至2018年8月31日，上述应收销售款中有10.37亿暂未回款。
预付款项	6,886,844.55	1）自2017年6月1日起，供应商收到预付款项后根据与中联重科签订的供货合同将货物运送至中联环境。 2）截至2018年8月31日，上述预付账款中共计347.12万元的预付账款未结算完毕。
其他应收款	76,174,196.74	1）主要系中联重科环卫业务部门进行政府招投标项目支付的投标保证金，中联重科在投标结束后将收到的投标保证金退回中联环境。 2）截至2018年8月31日，上述其他应收中有1,891.72万元未回款。
存货	763,782,919.24	截至2017年5月31日，存货由中联重科以销售方式转移给中联环境并开具增值税发票。
固定资产	426,928,890.15	截至2017年5月31日，固定资产由中联重科以销售方式均转移给中联环境并开具增值税发票。
在建工程	90,092,738.32	截至2017年5月31日，在建工程均由中联重科以销售方式均转移给中联环境并开具增值税发票。
无形资产	193,116,274.65	截至2017年5月31日，无形资产（土地使用权、知识产权除外）均由中联重科以销售方式均转移给中联环境并开具增值税发票。
递延所得税资产	47,712,027.53	截至2017年5月31日，递延所得税资产均由中联重科划转给中联环境。
应付账款	1,924,660,771.75	根据中联重科和中联环境向供应商发出业务转让通知及其说明，中联环境自2017年6月1日起全部承接中联重科环境产业业务，将截至2017年5月31日环境业务的合同、应付账款等转移至中联环境，具体详见"反馈问题2/一、中联重科将环卫业务部门业务和资产注入标的资产的具体时间、所涉业务和资产具体内容，是否履行了必要的决策程序，有

续表

项目	金额（元）	交割情况
		无未决法律纠纷/（一）中联重科将环卫业务部门业务和资产注入标的资产所涉及业务和资产的具体内容、注入的具体时间/4、业务合同履约主体的变更情况"。
预收款项	105,611,941.67	同应收账款
其他应付款	4,982,849,092.06	1）主要系收取客户和供应商的押金保证金、应付中联重科往来款以及带追索权的应收账款保理融资款。2）根据中联环境、中联重科发给客户和供应商的业务转让通知及相关说明，中联重科以2017年5月31日为基准日，将涉及环境业务的合同、应收账款、应付账款、预付账款、预收账款等转移至中联环境。3）带追索权的应收账款保理融资款均为应付中联重科融资租赁（中国）有限公司和中联重科商业保理（中国）有限公司的款项，其同意本次划转。
应付职工薪酬	27,159,503.20	截至2017年5月31日，应付职工薪酬均由中联重科划转给中联环境。
应付股利	224,850,000.00	应付股利系根据报告期后确定的分红金额计提

（4）业务合同履约主体的变更情况

1）采购合同

根据中联重科、中联环境于2017年6月1日向其所有曾经发生过业务往来的867家供应商发送的《关于中联重科股份有限公司环境产业业务转让事项的通知》及其说明，中联环境自2017年6月1日起全部承接中联重科环境产业业务，关于中联环境的采购合同，2017年6月1日之前收货的开票主体为中联重科，2017年6月1日之后收货的开票主体均变更为中联环境。自2017年6月1日向供应商发函后，截至2018年8月31日，中联环境收悉547家供应商的回函确认函，同意业务合同履约主体变更事项。未回函确认的供应商主要系与中联环境2年以上没有业务往来的供应商。

2）销售合同

根据《股权转让协议》，中联重科应将环卫业务相关的应收账款等转移至中联环境，如因合同相对方（主要为政府客户）不愿意在转让通知上盖章的，则中联重科应将该等合同项下的应收账款质押给中联环境。根据中联环境的说明，截至2017年6月26日，中联重科已取得446家客户在本次业务合同履约主体变更事项通知上盖章，涉及应收账款金额为17.04亿元；尚有2,689家客户未在转让通知单上盖章，涉及应收账款金额为25.58亿元。2017年6月26日，中联环境与中联重科签署《应收账款质押协议》，中联重科将25.58亿元的应收账款质押给中联环境以保证资产安全，直至债务履行完毕。

根据"03752476000451001397号"《中国人民银行征信中心动产全数统一登记——初始登记》，上述质押事项于2017年7月28日办理了应收账款质押登记，质押财产价值25.58亿元。

2. 资产划转履行的决策程序

2017年5月21日，中联重科第五届董事会2017年度第三次临时会议审议通过《关于出售长沙中联重科环境产业有限公司控股权暨关联交易的议案》，同意公司拟将环卫业务部门的业务和资产注入公司全资子公司中联环境，并出售环境产业公司80%的股权，该项交易涉及关联交易事项，关联董事回避表决。

2017年6月27日，中联重科2016年度股东大会审议通过《关于出售长沙中联重科环境产业有限公司控股权暨关联交易的议案》，该项交易涉及关联交易事项，关联股东回避表决。

3. 资产划转不存在未决法律纠纷

根据中联环境、中联重科的书面说明，本次资产划转履行了董事会、股东大会的必要决策程序，关联董事、关联股东已回避表决；资产划转协议已经履行完毕，被划转资产归中联环境所有或实质控制，资产划转双方不存在纠纷或争议，亦不存在任何未决法律纠纷。

公告写到这个程度，正如先秦宋玉那曲《登徒子好色赋》：东家之子，增之一分则太长，减之一分则太短；著粉则太白，施朱则太赤；眉如翠羽，肌如白雪；腰如束素，齿如含贝；嫣然一笑，惑阳城，迷下蔡。

不需要笔者再多说什么了，如果您遇到这个烦恼时，只管照猫画虎，对号入座。

同一资产，同一月份，二次划转，能不能适用特殊性税务处理？

香雪制药于2021年1月25日发布公告，披露全资子公司香雪精准为引进战略投资者，拟将资产及负债按基准日2020年12月31日的账面净值419,577,550.55元划转至香雪生命科学（于2020年12月23日设立于横琴新区，香雪精准持股100%），本次划转涉及债权、债务转移，所涉划转资产及负债将会在相应登记部门办理产权转移手续。公司称，拟申请适用特殊性税务处理。

香雪制药在全资孙公司香雪生命科学设立的次月，先后实施两次无偿划转，先是"母对子"无偿划转2.08亿元资产，再由"子对孙"划转全部4.2亿元资产及负债。公司称，两次划转均申请适用特殊性税务处理。

两次划转	2021年1月4日首次划转："母对子"无偿划转2.08亿元资产	2021年1月25日第二次划转："子对孙"划转全部4.2亿元资产及负债
划出方与划入方	香雪制药向全资子公司香雪精准无偿划转资产	全资子公司香雪精准划转至孙公司香雪生命科学（香雪精准持股100%，于2020年12月23日新设立）
标的	涉及账面价值2.08亿元的无形资产及固定资产	全资子公司香雪精准截至2020年12月31日的全部资产及负债，账面价值4.2亿元
划转方案	在香雪精准少数股东李懿将持有的香雪精准2.5%股份以零元价格转让给公司，公司持股香雪精准由97.5%工商变更为100%后，公司将相关的无形资产、固定资产以2020年11月30日为基准日的账面价值208,236,673.48元（为无形资产和固定资产两项）划转至子公司香雪精准	全资子公司香雪精准拟将资产及负债按基准日2020年12月31日的账面净值419,577,550.55元划转至香雪生命科学（香雪精准持股100%）
会计核算	按照账面价值208,236,673.48元划转资产，香雪精准取得划转资产不支付对价，增加资本公积	
税务处理	拟申请适用特殊性税务处理	拟申请适用特殊性税务处理

第一步，母对子划转，企业所得税依照财税〔2014〕109号文适用特殊性

税务处理,这个我们都能理解。但是,财税〔2014〕109号文也清晰地表述了一个限制条件:"股权或资产划转后连续12个月内不改变被划转股权或资产原来实质性经营活动"。

关于这一条,《国家税务总局关于资产(股权)划转企业所得税征管问题的公告》(国家税务总局公告2015年第40号)有明确的征管规定:

六、交易双方应在股权或资产划转完成后的下一年度的企业所得税年度申报时,各自向主管税务机关提交书面情况说明,以证明被划转股权或资产自划转完成日后连续12个月内,没有改变原来的实质性经营活动。

七、交易一方在股权或资产划转完成日后连续12个月内发生生产经营业务、公司性质、资产或股权结构等情况变化,致使股权或资产划转不再符合特殊性税务处理条件的,发生变化的交易一方应在情况发生变化的30日内报告其主管税务机关,同时书面通知另一方。另一方应在接到通知后30日内将有关变化报告其主管税务机关。

八、本公告第七条所述情况发生变化后60日内,原交易双方应按以下规定进行税务处理:

(一)属于本公告第一条第(一)项规定情形的,母公司应按原划转完成时股权或资产的公允价值视同销售处理,并按公允价值确认取得长期股权投资的计税基础;子公司按公允价值确认划入股权或资产的计税基础。

属于本公告第一条第(二)项规定情形的,母公司应按原划转完成时股权或资产的公允价值视同销售处理;子公司按公允价值确认划入股权或资产的计税基础。

属于本公告第一条第(三)项规定情形的,子公司应按原划转完成时股权或资产的公允价值视同销售处理;母公司应按撤回或减少投资进行处理。

属于本公告第一条第(四)项规定情形的,划出方应按原划转完成时股权或资产的公允价值视同销售处理;母公司根据交易情形和会计处理对划出方按分回股息进行处理,或者按撤回或减少投资进行处理,对划入方按以股权或资产的公允价值进行投资处理;划入方按接受母公司投资处理,以公允价值确认划入股权或资产的计税基础。

从以上两个文件的表述来看，均明确了划转完成后12个月内不得改变资产用途的规定。这也是企业重组所得税递延纳税政策的三大理论支柱之一（另外两个是缺乏纳税必要资金、权益间接连续）。如果不能符合这一条件，则第一步划转时就不能享受特殊性税务处理。

问题是香雪制药在第一次划转当月就进行了第二次划转。这样，第一次划转的资产原来是用于生产经营的，而被划转到子公司后，直接被用于下一次划转，这就等于改变了资产的用途，将导致第一次划转不再适用特殊性税务处理，存在按公允价值补税的可能性。

也有一种观点认为，这就是集团内的一种资产整合，划一次和划二次都是为了整合资产，而不是为了避税，这种交易也没有商业交易实质，所以，全部适用特殊性税务处理也无不妥。

这就很尴尬了，香雪药业的公告里也讲到，特殊性税务处理需要等待税务机关认可。

这里，我们留下一个开放式的结局，各位看官，如果你们是香雪制药的主管税务机关，你会怎么办呢？

割裂事件之间的联系是阴谋家的常用手段

你一定知道不能随意往原始森林里扔矿泉水瓶这件事，但如果我问你为什么，你却不一定知道。

我知道你不服气：不就是因为矿泉水瓶无法降解，会污染环境吗？

答案是否定的！

是的，不能随意往原始森林里扔矿泉水瓶的根本原因不是因为污染环境，而是因为矿泉水瓶里残留的水滴会形成凸透镜，在正午阳光的照射下，凸透镜会折射阳光，形成焦点，极易引发森林火灾。

发现了吗？不能随意往原始森林里扔矿泉水瓶这事你知道，凸透镜聚焦引发火灾这事你也知道，但它们两个之间微妙的联系，你不知道。

理解世界的真谛，就在于理解不同事物之间的联系。智者帮你找到事物之间的联系，而阴谋家擅长割裂它们。

百合医疗于2020年10月21日发布科创板IPO问询函回复公告披露：因生产经营发展和业务规模扩张的需要，发行人子公司迪华科技和汉康医疗分别于2015年12月、2019年9月起租用关联方翎博新材的土地及厂房。2019年11月，翎博新材将所出租的土地及厂房以增资方式投入其全资子公司东骅材料。

本来就是一次简单的不动产租赁，但客观后果是不利于百合医疗保持生产经营的稳定性，提高业务独立性，减少关联交易。因此，最好的办法是把不动产装入百合医疗的子公司。

说来也好办，只要翎博新材把这些不动产卖给百合医疗的子公司就好了。但是，税务问题又出现了。公告披露，土地、房屋建筑物及在建工程的账面值合计为1,648.82万元、评估值合计为2,517.26万元。如果直接卖土地，则卖方要缴纳增值税、附加税、企业所得税、土地增值税、印花税，买家要缴纳契税。

那怎么办？当然是卖公司更好，可是也不能直接把翎博新材股权全卖掉啊，毕竟人家还有别的资产呐。

没关系，先让翎博新材用标的不动产投资成立一个子公司，再把子公司股权卖掉不就行了！

翎博新材就是这么干的。

2019年9月19日，翎博新材注册成立东骅材料，2019年11月，翎博新材将所出租的土地及厂房以增资方式投入其全资子公司东骅材料。2019年12月5日，全资子公司迪华科技收购翎博新材持有的东骅材料100%股权。

《股权转让协议》约定转让价款合计2,438.00万元，截至2019年12月31日，上述价款已支付完毕。

关联方各税种缴纳情况如下：

税种	优惠情况
土地增值税	根据财税〔2018〕57号第四条规定，单位、个人在改制重组时以房地产作价入股进行投资，对其将房地产转移、变更到被投资的企业，暂不征土地增值税。 翎博新材以房地产作价增资东骅材料适用上述规定，暂不征收土地增值税。2019年11月28日，国家税务总局佛山市三水区税务局白坭税务所出具《房地产过户免征（不征）税证明》，经审核，该翎博新材以房地产增资行为暂不征土地增值税
契税	财税〔2015〕37号第六条规定，同一投资主体内部所属企业之间土地、房屋权属的划转，包括母公司与其全资子公司之间，同一公司所属全资子公司之间，同一自然人与其设立的个人独资企业、一人有限公司之间土地、房屋权属的划转，免征契税。 翎博新材以房地产作价增资东骅材料适用上述规定，免征契税。2019年11月28日，国家税务总局佛山市三水区税务局白坭税务所出具《契税免税（不征）证明》，经审核，该翎博新材以房地产增资行为免征契税
增值税	翎博新材**以房地产作价增资**东骅材料按规定需缴纳增值税。由于上述房屋建筑物系2016年4月30日之后自建，根据财税〔2016〕36号、财政部、税务总局、海关总署公告2019年第39号规定，需缴纳增值税。截至2019年12月31日，翎博新材已按规定缴纳增值税
企业所得税	税务总局公告2015年第33号：一、实行查账征收的居民企业（以下简称企业）**以非货币性资产对外投资**确认的非货币性资产转让所得，可自确认非货币性资产转让收入年度起不超过连续5个纳税年度的期间内，分期均匀计入相应年度的应纳税所得额，按规定计算缴纳企业所得税。二、关联企业之间发生的非货币性资产投资行为，投资协议生效后12个月内尚未完成股权变更登记手续的，于投资协议生效时，确认非货币性资产转让收入的实现。 2019年11月19日，翎博新材向国家税务总局佛山市三水区税务局白坭税务所申请以其土地房产投资设立全资子公司东骅材料时，出资时的评估价值高于原账面价值的非货币性资产转让所得自该收入确认起**在连续3年内分期计入相应年度的应纳税所得额**。（土地、房屋建筑物及在建工程的账面值合计为1,648.82万元、评估值合计为2517.26万元）
印花税	2019年12月，翎博新材与迪华科技签订《股权转让协议》，转让价格2,438万元。2020年1月，翎博新材已按"产权转移书据"税目**缴纳印花税**

第一步，博翎新材以不动产投资子公司东骅材料。土地增值税、契税均免征。增值税正常缴纳，子公司抵扣，而公告中引用了财政部、税务总局、

167

海关总署公告2019年第39号,看来子公司准备申请留抵税额退税了。而非货币性资产投资分3年缴纳企业所得税,显然是适用了财税〔2014〕116号文件规定的5年期确定性递延纳税政策。

没毛病!

第二步,博翎新材将子公司全部股权转让给上市公司。由于转让的是股权,不是土地,所以不涉及增值税、土地增值税、契税。

这也没毛病!

一切都是那么顺其自然,宁静、祥和。但是当我们将以上两步连在一起看时,问题就出现了,对,企业所得税!

我们都知道,非货币性资产投资,企业所得税上本来是要视同销售的,在本案中,博翎新材应该就2,517.26万元与1,648.82万元之间的差额缴纳企业所得税。

但是,由于它并不是真的卖了,而是投资,一来投资过程中本就没有现金交易,这叫"缺乏纳税必要资金";二来等于它还能通过子公司间接控制这些不动产,这叫"权益间接连续";三来这些不动产在子公司的用途并未改变,这叫"商业连续性"。

基于这三个原理,一般认为,应给予博翎新材递延纳税优惠,以体现"税收中性"原则。因此,《财政部 国家税务总局关于非货币性资产投资企业所得税政策问题的通知》(财税〔2014〕116号)才设置了5年期递延纳税的优惠。

但是,如果递延期内任一时间博翎新材把子公司的股权卖掉了,那么前述的三个原则就都不具备了,纳税资金有了,权益连续性断了,商业连续性无法保障了,自然也就不能再递延下去了——交税咯!

所以财税〔2014〕116号文件还有一个规定:企业在对外投资5年内转让上述股权或投资收回的,应停止执行递延纳税政策,并就递延期内尚未确认的非货币性资产转让所得,在转让股权或投资收回当年的企业所得税年度汇算清缴时,一次性计算缴纳企业所得税。

2019年11月,翎博新材将所出租的土地及厂房以增资方式投入其全资子公司东骅材料。2019年12月5日,迪华科技就收购翎博新材持有的东骅材料100%股权。相差仅1个月,那么,翎博新材的企业所得税还能递延下去吗?说好的一次性计算缴纳企业所得税呢?

显然,翎博新材割裂了这种联系!

无独有偶。

万事利于2021年9月15日发布招股书披露:整体变更前夕,3名实控人实施两次股权转让引入两员工持股平台——丝弦投资和丝昱投资。2016年9月,先由3名实际控制人将30%发行人股份转让给控股股东万事利集团(以投资方式),从而变直接持股为间接持股,2016年11月,再由控股股东万事利集团分别将10%、10%股份转让给丝弦投资和丝昱投资。两次股权转让价格分别为每注册资本1.89元和9.76元,前次股权转让中,三名实控人屠红燕、屠红霞、李建华申请递延缴纳,并报税务局备案,2020年12月缴纳完毕。

同样的先投资,再递延,后转让,同样的不超过1年,同样的割裂政策之间的连接。

子公司吸收合并母公司,是一锅"夹生饭"还是一部"动画片"

第一次谈"吸收合并",就是"子公司吸收合并母公司",像一个蹩脚的厨子,第一次掌勺就给食客做了一锅"夹生饭"!

看来要考验各位看官的消化能力了。

泰和新材于2019年12月9日发布公告,披露深化国企改革背景下,为充分发挥上市平台作用,由国资委主导整合其旗下资产。上市公司拟发行股份吸收合并母公司,并收购其关联方,披露重大资产重组交易预案。本次调

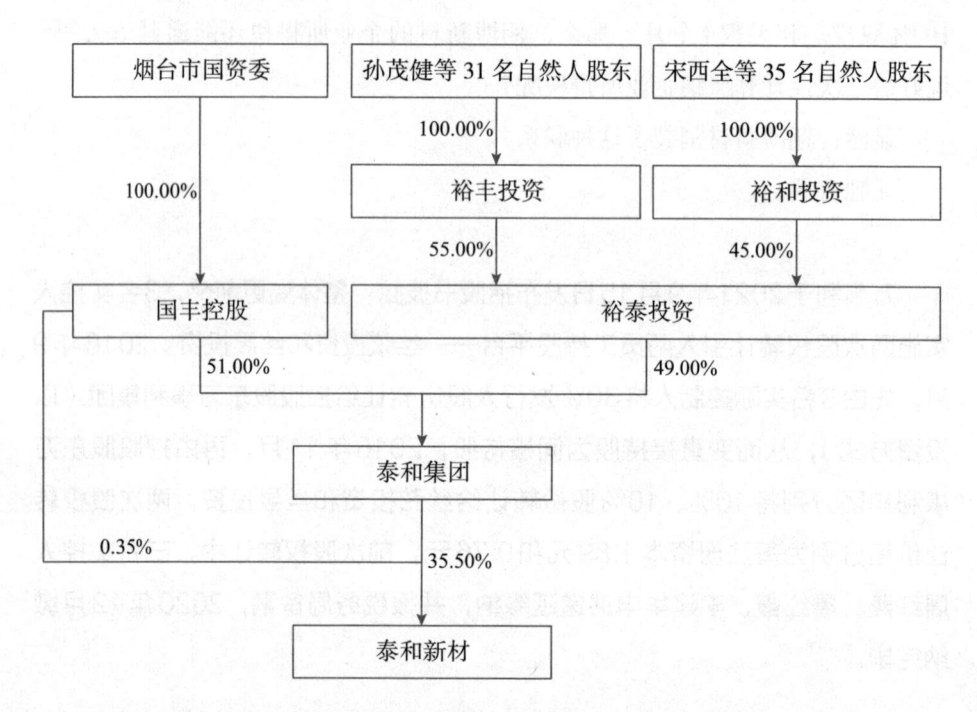

整前，上市公司股权架构如下图所示：

```
         烟台市国资委        孙茂健等31名自然人股东      宋西全等35名自然人股东
              │                      │ 100.00%                │ 100.00%
              │                      ▼                        ▼
              │                   裕丰投资                  裕和投资
              │ 100.00%              │ 55.00%                 │ 45.00%
              ▼                      └──────┬─────────────────┘
           国丰控股                          ▼
              │ 51.00%                   裕泰投资
              │                             │ 49.00%
              └──────────┬──────────────────┘
                         ▼
                      泰和集团
         ┌───0.35%──────┤
         │              │ 35.50%
         ▼              ▼
                      泰和新材
```

也就是说，位于控股链条最下端的"泰和新材"，把它的控股公司"泰和集团"给合并了。

第一个问题：吸收合并，涉及哪些税，是怎么出来的？

很多人一听见"吸收合并"几个字，就会"两股战战，几欲先走"，更别说是子公司吸收合并母公司了。其实，合并这锅"夹生饭"远没有想象的那么难吃。它的计税问题的原理跟放映"动画片"是一样的。先准备一幅幅事先画好的静态图画，之后左手右手连续放映，就成了"动画片"。

4个静态的步骤连在一起放映，也就成了合并。

第一步，被合并方将全部资产、负债卖掉换现金。放在本案中就是泰和集团将全部资产、负债卖掉换现金。可能涉及增值税、企业所得税、土地增值税、印花税；

第二步，被合并方原股东收回现金撤资。放在本案中就是国丰控股和裕泰投资从泰和集团撤资收回现金，涉及企业所得税；

第三步，被合并方原股东以撤回现金向合并方增资。放在本案中就是国丰控股和裕泰投资将上一个环节收回的现金投资到泰和新材中去。可能涉及泰和新材的印花税。

第四步，合并方用新增资的现金将全部资产、负债买回。放在本案中就是泰和新材用新增的现金把第一步泰和集团卖掉的资产买回来，可能涉及契税、印花税。

第二个问题：怎么正确处理这些税种？

这四个步骤连在一起放映，就是吸收合并这部精彩的"动画片"。每个步骤涉及的税种，在满足一定条件下都是有税收优惠政策的。如何适用这些优惠政策，就是这部"动画片"的精髓。让我们一个一个来看：

（1）增值税：《财政部　国家税务总局关于全面推开营业税改征增值税试点的通知》（财税〔2016〕036号）规定，在资产重组过程中，通过合并、分立、出售、置换等方式，将全部或者部分实物资产以及与其相关联的债权、负债和劳动力一并转让给其他单位和个人，其中涉及的不动产、土地使用权转让行为不征增值税。

（2）土地增值税：《财政部　税务总局关于继续实施企业改制重组有关土地增值税政策的公告》（财政部　税务总局公告2021年第21号）：按照法律规定或者合同约定，两个或两个以上企业合并为一个企业，且原企业投资主体存续的，对原企业将房地产转移、变更到合并后的企业，暂不征土地增值税。

（3）企业所得税：《财政部　国家税务总局关于企业重组业务企业所得税处理若干问题的通知》（财税〔2009〕059号）：企业合并，企业股东在该企业合并发生时取得的股权支付金额不低于其交易支付总额的85%，以及同一控制下且不需要支付对价的企业合并，可以选择特殊性税务处理（不确定性递延纳税）。

（4）契税：《财政部　税务总局关于继续执行企业　事业单位改制重组有关契税政策的公告》（财政部　税务总局公告2021年第17号）：两个或两个以上的公司，依照法律规定、合同约定，合并为一个公司，且原投资主体存续的，对合并后公司承受原合并各方土地、房屋权属，免征契税。

（5）印花税：《财政部 国家税务总局关于企业改制过程中有关印花税政策的通知》（财税〔2003〕183号）：以合并或分立方式成立的新企业，其新启用的资金账簿记载的资金，凡原已贴花的部分可不再贴花，未贴花的部分和以后新增加的资金按规定贴花。合并包括吸收合并和新设合并。分立包括存续分立和新设分立。

就这样，这些税种全部整理清楚了。

接下来是第三个问题，本案中所有参与方都是有限公司，所以没有涉及自然人股东，自然也就不涉及个人所得税。我们假设一下，如果被合并方泰和集团的股东中有一个自然人，该怎么办？合并中涉及的法人参与方还能不能享受企业所得税特殊性税务处理？

《国家税务总局关于企业重组业务企业所得税征收管理若干问题的公告》（国家税务总局公告2015年第48号）：上述重组交易中，股权收购中转让方、合并中被合并企业股东和分立中被分立企业股东，可以是自然人。

看来，有个自然人股东是不影响其他参与方享受企业所得税特殊性税务处理的。但这个自然人股东本身应该缴纳个人所得税，他是否也能享受特殊性税务处理呢？这就得从另一个文件说起。

《国家税务总局所得税司关于印发〈限售股个人所得税政策解读稿〉的通知》（所便函〔2010〕5号）明确要征税的限售股主要是针对股改限售股和新股限售股以及其在解禁日前所获得的送转股，不包括股改复牌后和新股上市后限售股的配股、新股发行时的配售股、上市公司为引入战略投资者而定向增发形成的限售股。

而本案中，如果有一个自然人股东通过此次合并取得的恰恰是通过上市公司泰和新材定向增发形成的限售股，如果在合并当时再允许其适用特殊性税务处理，暂不征个税。未来转让时，再按上述5号便函规定不征收个人所得税的。那么，这个税就永远征不到了。这也是为什么至今为止个人所得税没有对重组给予特殊性税务处理的根本原因。

那么，第四个问题又来了，如果被合并方泰和集团账上有增值税留抵税额的话，是否能够带到合并后的泰和新材账上继续抵扣呢？

当然能！

《国家税务总局关于纳税人资产重组增值税留抵税额处理有关问题的公告》（国家税务总局公告2012年第55号）：增值税一般纳税人在资产重组过程中，将全部资产、负债和劳动力一并转让给其他增值税一般纳税人，并按程序办理注销税务登记的，其在办理注销登记前尚未抵扣的进项税额可结转至新纳税人处继续抵扣。

有留抵税额的企业，往往也会有亏损，第五个问题就是，如果被合并方泰和集团账上还有尚未弥补的亏损，是否可以带到合并之后的泰和新材账上继续弥补呢？

这个问题就有点意思了，我们的企业所得税认为，被合并企业亏损是由被合并企业原资产造成的，自然也只能由被合并企业原资产在合并后产生现金流去弥补。而被合并企业原资产在合并后能产生多少现金流呢？很难知道。

所以《财政部　国家税务总局关于企业重组业务企业所得税处理若干问题的通知》（财税〔2009〕059号）中明确：可由合并企业弥补的被合并企业亏损的限额=被合并企业净资产公允价值×截至合并业务发生当年年末国家发行的最长期限的国债利率。

可是，这么算来，能带到合并后企业的亏损也没多少啊，《国家税务总局关于发布〈企业重组业务企业所得税管理办法〉的公告》（国家税务总局公告2010年第04号）继续明确：可由合并企业弥补的被合并企业亏损的限额，是指按《中华人民共和国企业所得税法》规定的剩余结转年限内，每年可由合并企业弥补的被合并企业亏损的限额。

为了能让企业多弥补点亏损，国家税务总局也是拼了。

只是这里有一个漏洞，如果，我说的是如果，是我反过来用亏损企业吸收合并盈利企业的情况呢？还受不受这个限额限制？

就这样，我们活生生把子公司吸收合并母公司这锅"夹生饭"变成了"动画片"。这里面一共涉及5个问题：

第一个问题：吸收合并涉及哪些税，是怎么出来的？

第二个问题：怎么正确处理这些税种？

第三个问题：如果涉及自然人股东，个人所得税是否享受特殊性税务处理？

第四个问题：如果被合并方账上有增值税留抵税额的话，是否能够带到合并后的企业账上继续抵扣？

第五个问题：如果被合并方账上有尚未弥补的亏损的话，是否可以带到合并后的企业账上继续弥补？

学习税法千万不要死记硬背文件，要学会原理。

分立犹如切蛋糕，姿势真的很重要

我们都知道，如果一个企业要处置一部分资产，尤其是大额不动产，为了规避较高的税负，往往会采用股权转让的方式进行。可是如果我只想转让一大堆资产中的一个，总不能把全家都卖掉吧？

怎么办？那就把要卖的那部分资产切下来呗，像切蛋糕一样，只是这切蛋糕的姿势非常重要，是横着下刀，还是竖着下刀？是从左面下刀，还是从右面下刀？考验的是切蛋糕选手的综合水平，决定的是蛋糕的口感。

万华化学于2018年8月10日发布重组公告披露：拟向交易对方合成国际等股东发行股份以实施对万华化工的吸收合并，因交易标的万华化工在2018年1月完成分立，认为前次分立和本次吸收合并均符合特殊性税务处理规定，其非居民股东合成国际不需就财产转让缴纳所得税。

原来，万华化工的前身叫万华实业，现在，万华实业的股东要把相当一部分资产从万华实业中拿出来，并增资到万华化学中去。这一出一进，税负问题可想而知。从我们以往的经验看，最好是走股权交易，而不要走资产交易。

只要我们把这部分资产从万华实业中"切"出来，再拼到万华化学上去，目标不就达到了！（相关政策我们曾在前文中多次论述，此处不再赘述）

于是，我们看到公告的表述：

1.分立交易：2018年1月30日，万华实业实施存续分立，分立为存续万华实业和新设万华化工。同日，万华实业办理了工商变更登记手续，万华化工办理了工商新设登记手续。前次万华实业分立具有合理的商业目的，且不以减少、免除或者推迟缴纳税款为主要目的；分立股权比例符合规定；万华实业分立后的连续12个月内不会改变分立资产原来的实质性经营活动；被分立企业万华实业所有股东按原持股比例取得分立企业万华化工的股权，分立企业万华化工和被分立企业万华实业均不改变原来的实质经营活动，且被分立企业万华实业股东在该企业分立发生时取得的股权支付金额不低于其交易支付总额的85%，符合规定比例；万华实业分立中取得股权支付的原主要股东，在分立后连续12个月内不会转让所取得的股权。

2.吸收合并交易：2018年5月9日，万华化学发布《吸收合并烟台万华化工有限公司暨关联交易预案》，显示万华化学将通过向控股股东万华化工的5名股东国丰投资、合成国际、中诚投资、中凯信、德杰汇通发行股份的方式对万华化工实施吸收合并。重组主导方系被合并企业——万华化工，拟适用特殊性税务重组，合成国际作为被吸收合并股东不存在需缴纳财产转让所得之所得税款的情形。本次交易符合适用特殊性税务处理的条件。合并企业接受被合并企业资产和负债的计税基础，以被合并企业的原有计税基础确定。被合并企业股东取得合并企业股权的计税基础，以其原持有的被合并企业股权的计税基础确定。

各位看官，看出问题了吗？

《财政部　国家税务总局关于企业重组业务企业所得税处理若干问题的通知》（财税〔2009〕059号）：企业重组同时符合下列条件的，适用特殊性税务处理规定……（五）企业重组中取得股权支付的原主要股东，在重组后连续12个月内，不得转让所取得的股权。

2018年1月30日分立时，明确表示"万华实业分立中取得股权支付的原主要股东，在分立后连续12个月内不会转让所取得的股权"，但仅过了3个月，2018年5月9日，万华化工的5名股东国丰投资、合成国际、中诚投资、中凯信、德杰汇通就把万华化工的股权换成了万华化学。这还能享受特殊性税务处理吗？

我与春风皆过客，你携秋水揽星河。

说好的地老天荒呢？说好的海枯石烂呢？

一字之差，谬以千里！

你可能会说，财税〔2009〕059号文第十条规定：企业在重组发生前后连续12个月内分步对其资产、股权进行交易，应根据实质重于形式原则将上述交易作为一项企业重组交易进行处理。

对不起，这里所说的分步交易，前提是指一项重组。君不见《国家税务总局关于发布企业重组业务企业所得税管理办法的公告》（国家税务总局公告2010年第4号）中早有明确表述：根据《通知》（《财政部　国家税务总局关于企业重组业务企业所得税处理若干问题的通知》）第十条规定，若同一项重组业务涉及在连续12个月内分步交易，且跨两个纳税年度，当事各方在第一步交易完成时预计整个交易可以符合特殊性税务处理条件，可以协商一致选择特殊性税务处理的，可在第一步交易完成后，适用特殊性税务处理。

所以，万华化工的股东给自己埋了一个大炸弹！

同为切蛋糕，我们再来看一个案例——荣安地产

2014年2月，荣安地产发布控股子公司"康园房产"分立公告，康园房产要一分为二，新诞生的公司叫"康瀚投资"，分立过程中，适用企业所得税特殊性税务处理。

公告称：根据公司未来发展需要，实现对公司现有产业布局调整，进一步整合公司资源，加大投资管控力度及精细化管理，提升公司投资核心竞争

力，公司拟通过派生分立的方式对康园房产进行分立。康园房产继续存续，作为一个单一的项目公司，另派生成立宁波康瀚投资有限公司，承继康园房产的对外投融资业务。

按荣安地产的说法，将康园房产分立只为整合资源、提升投资核心竞争力。真的是这样吗？2014年5月，"康园房产"分立刚刚落幕，迫不及待的荣安地产就出手了！荣安地产发布公告，将分立后的康园房产100%股权全部出售，作价1.39亿元，买家为宁波另一巨头"恒威投资"。

依然没有超过12个月，是不是也不能适用特殊性税务处理了？是不是和万华化工一样？

不！不！不！

万华实业是母公司，分立出万华化工是子公司，之后子公司万华化工被卖掉了。

康园地产是母公司，分立出康瀚投资是子公司，之后母公司康园地产被卖掉了。

这就是区别！

为什么是这样？很简单，因为卖子公司时，"取得股权支付的原主要股东"享受特殊性税务处理要受12个月限制，而卖母公司就不用，因为母公司的股权早就存在，并不是分立时新取得的。荣安地产显然是注意到了这一点，来了个"反向下刀"，把要留下的资产分立出去，把要卖掉的资产留在了康园地产名下。

这就是万华化学与荣安地产的故事，同样是要把资产切出去：

一个把要卖的资产切出去，把要留的资产留下。结果受到12个月不得转让的政策限制，埋下隐患。

一个把要留的资产切出去，把要卖的资产留下。结果不受12个月不得转让的政策限制，顺利过关。

看来分立的蛋糕好不好吃，关键还在切蛋糕的姿势啊！

冀东水泥内部重组操作妙不可言

集团内资产重组是非常常见的情况，都是一家人，本质上也不是为了商业交易，纯粹是整合资产，所以，最好别动钱，大家都方便。但有些时候，税务局有话要说。这不，冀东水泥就遇到了这种事，为了减少税负，上演了一幕教科书般经典的大戏。

冀东水泥于2019年1月24日发布公告披露，冀东水泥与金隅集团均系北京市国资委下属企业，为彻底解决双方之间的同业竞争问题，制定以下重组方案：

1.由冀东水泥与北京金隅共同出资成立合资公司，专门从事水泥业务。

2.冀东水泥以所持有的临澧冀东水泥有限公司等5家公司的股权，约合23.93亿元及24.82亿元现金出资，持有合资公司52.91%的股权，为合资公司的控股股东。

3.另外47.09%股权由金隅集团持有，代价是金隅集团下属的赞皇水泥等14家水泥厂必须全部装进合资公司当中。

这样一来，金隅和冀东就合兵一处，变同业竞争为强强联合。

这本是一家人内部之间的利益关系重整，所有交易并无商业实质。但是有一个问题必须考虑到，那就是重组税负。除去现金部分，双方一共将19家子公司股权（冀东5家，金隅14家）装入了合资公司。从冀东和金隅角度看，这是典型的非货币资产投资。19家公司股权公允价值高于账面价值部分应交企业所得税。

企业所得税待遇1：一般性税务处理，即正常交税。

企业所得税待遇2：五年期确定性递延纳税。

根据《财政部 国家税务总局关于非货币性资产投资企业所得税政策问题的通知》（财税〔2014〕116号）规定，居民企业（以下简称企业）以非货币性资产对外投资确认的非货币性资产转让所得，可在不超过5年期限内，分期均匀计入相应年度的应纳税所得额，按规定计算缴纳企业所得税。

以上两个待遇区别就是一年交还是五年交，问题是我们就是内部调整而已，怎么就弄出了这么多税呢？有没有办法少交或不交呢？这时候，另一个重要文件浮了出来。

企业所得税待遇3：不确定性递延纳税。

《财政部　国家税务总局关于企业重组业务企业所得税处理若干问题的通知》(财税〔2009〕059号)：

资产收购，受让企业收购的资产不低于转让企业全部资产的75%（现改为50%），且受让企业在该资产收购发生时的股权支付金额不低于其交易支付总额的85%，可以选择按以下规定处理：

1.转让企业取得受让企业股权的计税基础，以被转让资产的原有计税基础确定。

2.受让企业取得转让企业资产的计税基础，以被转让资产的原有计税基础确定。

说了这么一大堆，翻译一下就是，满足前面的两个比例的情况下，就是一家人，从我这平移到你那，咱暂时就别纳税了，将来真的卖的那天再说。如果能满足这个条件，那当然皆大欢喜。

对于冀东水泥来说，它卖掉了旗下的5家子公司100%的股权，换来的是合资公司100%的股权支付，自然满足财税〔2009〕59号文特殊性税务处理的条件。照理说金隅集团的14家子公司如法炮制即可，可是一个重要的问题挡住了去路，那就是，冀东水泥的持股比例，52.91%这个数，是不能动的！

换句话说，合资公司向金隅集团发起资产收购，所支付的对价中股权占比已经达不到85%！因为一旦达到85%，就意味着冀东水泥的大股东地位将不保，除非冀东水泥再次同比例向合资公司增资，但此时的冀东水泥已经拿不出资产增资了。资产收购这条路，堵死了。

资产收购不行，我就不能化整为零，改用股权收购吗？

《财政部　国家税务总局关于企业重组业务企业所得税处理若干问题的通知》(财税〔2009〕059号)：

股权收购，收购企业购买的股权不低于被收购企业全部股权的75%（现改为50%），且收购企业在该股权收购发生时的股权支付金额不低于其交易支付总额的85%，可以选择按以下规定处理：

  1.被收购企业的股东取得收购企业股权的计税基础，以被收购股权的原有计税基础确定。

  2.收购企业取得被收购企业股权的计税基础，以被收购股权的原有计税基础确定。

  3.收购企业、被收购企业的原有各项资产和负债的计税基础和其他相关所得税事项保持不变。

  如果把对金隅水泥的整体资产收购改为对14个子公司分别进行的股权收购，那么只要对每一个公司股权收购的对价超过85%是股权，不就可以了吗？第一家，收购100%股权，对价100%股权，第二家，收购100%股权，对价100%股权，第三家……到了第七家结束后，发现合资公司47.09%的股权已经支付完了，不能再增加股权了，剩下的就直接上现金了。这样一来，至少保住了前7家公司股权增值部分不用交所得税了。放心，这7家一定是增值最大的7家。而另外7家增值较小或没有增值的，干脆用现金收购，交税也就认了。

  于是我们看到公告中的表述：北京金隅集团股份有限公司所持有的赞皇金隅水泥有限公司、北京金隅琉水环保科技有限公司、天津金隅振兴环保科技有限公司、涿鹿金隅水泥有限公司、张家口金隅水泥有限公司、邢台金隅咏宁水泥有限公司、河北太行华信建材有限责任公司等7家公司注入合资子公司，剩余左权金隅水泥有限公司、陵川金隅水泥有限公司、保定太行和益水泥有限公司、邯郸涉县金隅水泥有限公司、沁阳市金隅水泥有限公司、岚县金隅水泥有限公司、宣化金隅水泥有限公司等7家公司由冀东水泥支付现金收购。

  有时候，退而求其次也不失为明智的选择。

  顺便提醒一句，适用财税〔2009〕59号文时，一定要满足具有合理的商业目的，且不以减少、免除或者推迟缴纳税款为主要目的。怎么证明呢？冀东水泥说：

  经交易双方共同商议确定，金隅集团所持14家水泥企业股权以增资合资公司和上市公司现金收购两种方式注入冀东水泥。方案设计及相关交易标的支付对价处理的主要考虑因素如下：

（一）考虑上市公司的资金状况……

（二）考虑上市公司后续管理……

哦，原来是考虑资金状况和为了后续管理，那肯定不是为了避税了……

最后，总结一下这例教科书般经典的集团内重组给我们的启示：

1.集团内重组多数时候考虑适用财税〔2009〕59号文件不确定性递延纳税政策。

2.资产收购与股权收购很多时候可以互相转化。关键就看站在哪个重组参与方的角度看。

3.特殊情况下，丢车保帅，让增值大的部分享受特殊性税务处理，增值小的部分认交税。

4.一定要有一个合理的理由，证明我这样做不是为了避税。

借壳上市：把长颈鹿装进冰箱需要几步？

讲一个老掉牙的笑话：

第一个问题：把大象装冰箱总共分几步？

答：三步，第一步把冰箱门打开，第二步把大象塞进去，第三步把冰箱门关上。

第二个问题：把长颈鹿放进冰箱需要几步？

答：四步，第一步把冰箱门打开，第二步把大象拿出来，第三步把长颈鹿放进去，第四步把冰箱门关上。

嗯？这不是借壳上市的"四步"曲吗？

第一步，买壳——把冰箱门打开；

第二步，清壳——把大象拿出来；

第三步，换壳——把长颈鹿放进去；

第四步，更名——把冰箱门关上。

嗯！这就是借壳上市的"四步"曲啊！

强生控股于2020年9月29日发布重组公告披露：拟通过上市公司股份无偿划转、重大资产置换与发行股份购买资产三步骤重组，实现上海外服借壳上市，因强生控股实施置出资产归集及重大资产置换过程中所产生的增值税、土地增值税、契税、企业所得税、印花税等税费的最终承担比例由各方另行协商确定相应纳税主体承担并依法缴纳，该等税费不影响置入和置出资产的不另行从交易价格中扣除。各方应对上述税费实施税务筹划，并尽最大努力与主管税务机关沟通，争取本次重组适用上述所有税种的税收优惠。

上面这段话是什么意思呢？还得翻译！

话说上海国资委旗下有个公司叫作"上海外服"一直谋求上市，受各种条件限制，可能不具备IPO的条件。这可怎么办呢？

第一步，买壳——把冰箱门打开。

上海外服的大股东"东浩实业"先成为"强生控股"的大股东。怎么实现呢？

公告披露：久事集团将其持有的强生控股40%股份无偿划转至东浩实业，当然是在国资委主导下的国有资产划转方式。

第二步，清壳——把大象拿出来。

把强生股份原实质性经营资产全部腾出体外。怎么实现呢？

公告披露：强生控股拟以自身全部资产及负债与东浩实业持有的上海外服100%股权的等值部分进行置换。强生控股拟向东浩实业以发行股份的方式购买置入资产与置出资产交易价格的差额部分，并向东浩实业非公开发行股票募集配套资金。

第三步，换壳——把长颈鹿装进去。

把东浩实业的实质性经营资产全部装进强生股份。怎么实现呢？

公告披露：拟置入资产为上海外服——上海外服（集团）有限公司100%股权，上海外服及其子公司主要从事人力资源综合服务业务。强生控股被借壳后主营业务由出租车变更为人力资源服务。

第四步，更名——把冰箱门关上。

这一步公告并没有说明，根据天眼查数据，2021年10月，"上海强生控股股份有限公司"更名为"上海外服控股集团股份有限公司"。

漂亮！

下边我们就看看这些步骤中的税务问题吧。

第一步是国资委主导下的资产划转，完全可以适用财税〔2014〕109号文规定的特殊性税务处理。

第二步、第三步是标准的"资产收购"，强生控股作为资产转让方，100%实质经营资产被东浩实业收购，收到的对价100%为上海外股的股权，完全可以适用财税〔2009〕59号文规定的特殊性税务处理。

第四步，"上海强生控股股份有限公司"更名为"上海外服控股集团股份有限公司"，这一步并不涉税。

只是这个案例有一个非常特殊的地方：本次交易方案中的股份无偿划转、重大资产置换与发行股份购买资产三步骤同时生效、互为前提，其中的任何一项内容因未获得政府主管部门或监管机构批准而无法付诸实施，则所有步骤均不予实施。

可以看出来，上海国资委是非常清醒的，他知道我国关于企业重组方面的优惠政策比较多，但口径不一，加之自己家的事又比较复杂，所以他保持了相当的理性。

公告披露：因强生控股实施置出资产归集及重大资产置换过程中所产生的增值税、土地增值税、契税、企业所得税、印花税等税费的最终承担比例由各方另行协商确定相应纳税主体承担并依法缴纳，该等税费不影响置入和置出资产的不另行从交易价格中扣除。各方应对上述税费实施税务筹划，并尽最大努

183

力与主管税务机关沟通，争取本次重组适用上述所有税种的税收优惠。

重组特殊性税务处理，备案程序别忘记

古人云："失之毫厘，谬以千里。"

特殊性税务处理也是一样，先莫说政策如何适用，就算你完全适用对了政策，也别高兴，千万别忘了还有个备案程序。

这不，永和股份上市前就遇到了这个事情，不得不重新补充了备案程序。

永和股份于2021年6月22日发布招股意向书披露："2011年发行人前身永和有限吸收合并实控人童建国实际控制的公司海龙实业，自行根据财税[2009]59号判断适用了特殊性税务处理，未向税务机关进行特殊税务处理备案，2020年发行人已主动向税务主管部门补充申报，并按照税务主管部门以一般税务处理核定的税款补缴企业所得税人民币31,706.94元。"

2011年的事，已经过去10年了，理论上讲已经过了税款追征期，永和股份为什么还要不打自招呢？还不是因为上市。证监会、交易所现在对上市公司税务合规问询越来越多，越来越细。上市公司心里真没底呀。永和股份也没逃过问询：

关于公司吸收合并海龙实业、收购华生氢氟酸和华生萤石。招股书披露，公司吸收合并海龙实业选择企业重组特殊税务处理；公司收购华生氢氟酸、华生萤石的股转协议、工商变更登记文件所载价格和实际价格存在一定差异。转让各方就实际价格已签署确认函。请保荐机构和发行人律师核查并说明：

（1）2011年永和有限吸收合并海龙实业选择企业重组特殊税务处理当时是否有向税务机关做过相应的申请/备案；

（2）公司收购华生氢氟酸、华生萤石的股转协议、工商变更登记文件所载价格和实际价格存在一定差异的产生原因，是否存在工商行政处罚风险、税收缴纳风险。

主审律师马上出具补充法律意见书明确：

根据《财政部 国家税务总局关于企业重组业务企业所得税处理若干问题的通知》（财税〔2009〕59号）（以下简称"59号文"）第十一条规定，"企业发生符合本通知规定的特殊性重组条件并选择特殊性税务处理的，当事各方应在该重组业务完成当年企业所得税年度申报时，向主管税务机关提交书面备案资料，证明其符合各类特殊性重组规定的条件。企业未按规定书面备案的，一律不得按特殊重组业务进行税务处理"。

经与发行人核实，2011年永和有限吸收合并海龙实业虽然满足59号文的适用条件，但公司未及时向地方主管税务机关提交书面备案资料，发行人为此主动与国家税务总局衢州经济技术开发区税务局沟通，并于2020年8月21日取得该局出具的情况说明，确认永和有限没有因本次吸收合并被该局处罚或追缴税款的情形。

后经发行人审慎考虑，认为根据59号文的规定发行人当时未经主管税务机关备案而直接选择对本次吸收合并进行特殊税务处理并无依据，故此，发行人已主动向税务主管部门补充申报，并按照税务主管部门以一般税务处理核定的税款补缴企业所得税人民币31,706.94元，取得国家税务总局浙江省税务局下发的《税收完税证明》[20（1028）33证明63079578]。

最后，总结一下：

1.适用财税〔2009〕59号文件规定的特殊性税务处理之后千万别忘了按规定进行备案，否则不允许享受特殊性税务处理。

2.备案依据有二：《国家税务总局关于发布〈企业重组业务企业所得税管理办法〉的公告》（国家税务总局公告2010年第04号）；《国家税务总局关于

企业重组业务企业所得税征收管理若干问题的公告》（国家税务总局公告2015年第48号）。

重组特殊性税务处理，备案程序别忘记。切莫"失之毫厘，谬以千里"。

一个基础设施REITs税务处理的经典样本

创新金融工具的税务处理一向是税务领域的难点。今天，咱们看一个公开募集基础设施REITs税务处理的经典样本。

中关村于2021年11月23日发布公告披露：发行人拟发行"建信中关村REIT"基础设施基金（建信中关村产业园封闭式基础设施证券投资基金，基金代码为"508099"），采用"公募基金+基础设施资产支持证券"的产品结构。

话说什么是基础设施REITs？

REITs，英文全称Real Estate Investment Trusts，是不动产投资信托基金的意思。说白了，就是开发商想融资，但需要抵押，中小投资者想投资，但资金太少。如何把二者对接起来呢？开发商干脆把自持物业未来租金、物业费等收益释放出来，通过发行信托基金转给中小投资者，大量中小投资者的资金集腋成裘，为开发商提供了融资。REITs降低了中小投资者投资不动产项目的门槛，提升了不动产持有人的直接融资能力。

建信中关村产业园REITs产品架构是这样的：本基金成立时拟投资的基础设施项目公司为"中发展壹号公司"。基础设施项目：互联网创新中心5号楼项目，指软件园自建产业载体（中国国际服务外包新市场交易中心）项目；协同中心4号楼项目，指中关村软件园国际交流与技术转移中心项目；孵化加速器项目，指中关村软件园孵化加速器研发楼项目。

本基金的交易结构共有两层主要架构，分别为专项计划及基础设施基金。交易完成后，计划管理人（代表专项计划）将持有项目公司100%的股权以及享有对项目公司的相应债权，基金管理人（代表基础设施基金）持有专项计划的全部份额。具体产品结构如图所示：

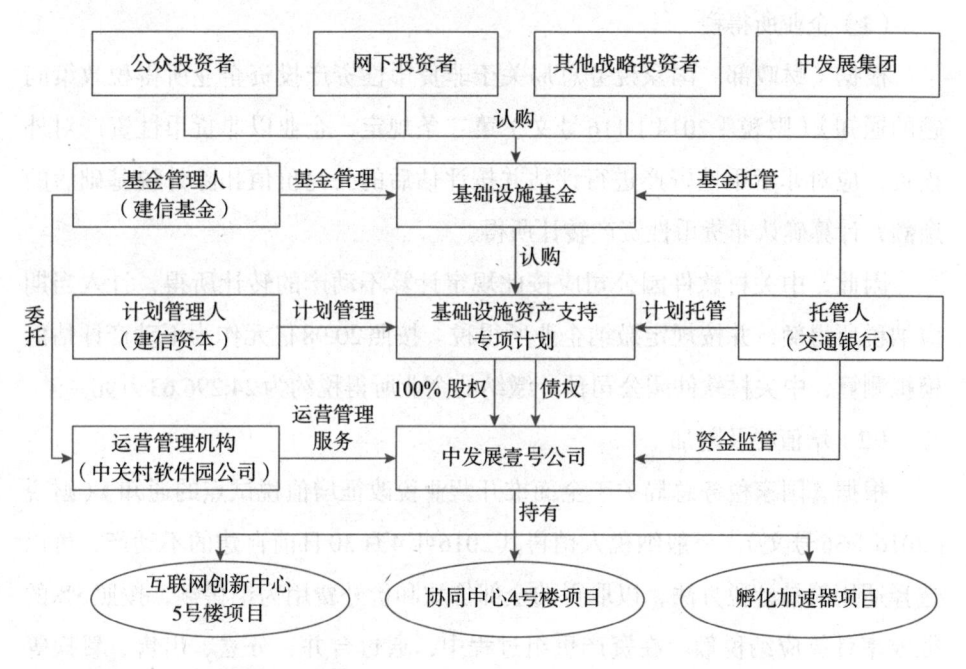

```
[公众投资者]  [网下投资者]  [其他战略投资者]  [中发展集团]
                    ↓ 认购
委托 — [基金管理人（建信基金）] —基金管理— [基础设施基金] ←基金托管—
                                              ↓ 认购
       [计划管理人（建信资本）] —计划管理— [基础设施资产支持专项计划] —计划托管— [托管人（交通银行）]
                                    100%股权 ↓  债权
       [运营管理机构（中关村软件园公司）] —运营管理服务— [中发展壹号公司] ←资金监管—
                                              ↓ 持有
        [互联网创新中心5号楼项目]    [协同中心4号楼项目]    [孵化加速器项目]
```

搭建这一架构需要两步：

（1）重组：中关村软件园公司以园区物业基础设施项目的房屋所有权及其对应的土地使用权作价入股项目公司，即对中发展壹号公司增资。

（2）股权转让：中关村软件园公司将标的股权转让给资产支持证券管理人建信资本（代表专项计划），转让后，项目公司脱离中发展集团的实际控制。

业务流程一捋顺，税务问题就出来了。公告继续披露：

根据上海毕马威税务师事务所有限公司出具的《关于中发展集团公开募集基础设施证券投资基金（"REITs"）的中国税务意见书》，本项目涉及的税种包括印花税、土地增值税、企业所得税、契税、增值税及附加。根据与北京市及海淀区主管税务机关的沟通，拟采取的纳税方案中涉及的所有税种、税额估算及测算过程如下：

1. 资产重组阶段

该阶段主要涉税环节为中关村软件园公司以标的基础设施项目对中发展壹号公司增资，并一并转移负债和人员，该环节涉及税种及纳税方式如下：

（1）企业所得税

根据《财政部 国家税务总局关于非货币性资产投资企业所得税政策问题的通知》（财税〔2014〕116号文）第二条规定，企业以非货币性资产对外投资，应对非货币性资产进行评估并按评估后的公允价值扣除计税基础后的余额，计算确认非货币性资产转让所得。

因此，中关村软件园公司应按此规定计算不动产的转让所得，计入当期应纳税所得额，并按规定缴纳企业所得税。按照20.98亿元作为不动产评估值模拟测算，中关村软件园公司预计缴纳的企业所得税约为24,296.63万元。

（2）增值税及附加

根据《国家税务总局关于全面推开营业税改征增值税试点的通知》（财税〔2016〕36号文），一般纳税人销售其2016年4月30日前自建的不动产，可以选择适用简易计税方法，以取得的全部价款和价外费用为销售额，按照5%的征收率计算应纳税额。在资产重组过程中，通过合并、分立、出售、置换等方式，将全部或者部分实物资产以及与其相关联的债权、负债和劳动力一并转让给其他单位和个人，其中涉及的不动产、土地使用权转让行为不征收增值税。

根据由毕马威出具的税务意见书，"鉴于软件园公司以园区物业及相关债权、债务、人员对项目公司出资，目的是以此作为基础资产发行公募REITs，应属于资产重组行为，其中涉及的房产和土地使用权转让行为可向税务机关申请适用上述文件，按不征收增值税处理"。

因此，中关村软件园公司以标的基础设施项目对中发展壹号公司增资，并一并转移负债和人员，其中涉及的房产和土地使用权转让行为，可按不征收增值税处理。该环节中关村软件园公司预计缴纳的增值税应纳税额为0元。

（3）土地增值税

根据《财政部 国家税务总局关于继续实施企业改制重组有关土地增值税政策的通知》（财税〔2018〕57号文），单位、个人在改制重组时以房地产作价入股进行投资，对其将房地产转移、变更到被投资的企业，暂不征土地增值税。上述改制重组有关土地增值税政策不适用于房地产转移任意一方为房地产开发企业的情形。

根据由毕马威出具的税务意见书，"软件园公司以园区物业作价入股项目公司，目的是以此作为基础资产发行公募REITs，属于重组行为，如可以证明软件园公司和项目公司均不是房地产开发企业，可向税务机关申请适用上述文件，暂不征收土地增值税"。

目前，中关村软件园公司没有房地产开发业务，并已于北京市住房和城乡建设委员会、工商局完成了房地产开发资质注销手续和营业范围变更手续。当前营业范围为企业管理、出租办公用房、出租商业用房等，变更后营业范围不包含房地产开发相关业务，符合财税〔2018〕57号文对房地产作价入股暂不征收土地增值税的要求。2021年5月17日，本项目已取得北京市海淀区税务局出具的编号为"京海税土增涉〔2021〕120019"的《土地增值税涉税证明》，已获准重组环节不征土地增值税。因此，该环节中关村软件园公司应缴纳的土地增值税应纳税额为0元。

（4）契税

根据《财政部 税务总局关于继续执行企业 事业单位改制重组有关契税政策的公告》（财政部 税务总局公告2021年第17号），同一投资主体内部所属企业之间土地、房屋权属的划转，包括母公司与其全资子公司之间，同一公司所属全资子公司之间，同一自然人与其设立的个人独资企业、一人有限公司之间土地、房屋权属的划转，免征契税。母公司以土地、房屋权属向其全资子公司增资，视同划转，免征契税。

根据由毕马威出具的税务意见书，"项目公司通过软件园实物形式增资，取得房产、土地使用权，符合上述条件，应可适用免征契税的规定"。因此，中发展壹号公司取得房产、土地使用权可免征契税。该环节中关村软件园公司应缴纳的契税应纳税额为0元。

（5）印花税

中发展壹号公司应对资金账簿按实收资本和资本公积之和按万分之五税率减半计缴印花税，共计约为2.38万元。中发展壹号公司和中关村软件园公司签订的产权转移书据，应分别缴纳印花税104.90万元。

2.股权转让阶段

该阶段主要涉税环节为本基金通过下属资产支持专项计划向中关村软件园公司收购中发展壹号公司股权，该环节涉及税种及纳税方式如下：

（1）企业所得税

中关村软件园公司应将股权转让收入扣除为取得该股权所发生的成本及转让过程中缴纳的相关交易费用及税费后的余额计入应纳税所得额，按规定缴纳企业所得税预计约24,359.29万元。

（2）印花税

建信资本（代表专项计划）和中关村软件园公司签订的股权转让协议，双方应各自缴纳印花税53.51万元。

中发展壹号公司与银行签订的借款合同应按0.005%的税率缴纳印花税，应缴纳印花税约2.30万元。

（3）土地增值税

本次股权转让的目的是发行本基金，具有合理商业实质，并非以逃避土地增值税的纳税义务而进行的特殊安排，该环节无须缴纳土地增值税。因此，该环节预计缴纳的土地增值税应纳税额为0元。

以上表述仅是REITs设立环节，REITs运营过程中，持有基础设施资产的项目公司本身需要就经营收益缴纳企业所得税，而项目公司将税后收益分配时，是否仍需要比照封闭式基金的相关规定去代扣代缴个人所得税，目前税收政策并未进行明确。

也就是说，REITs至少涉及3个环节的税务问题：

第一个环节是发行人设立项目公司时涉及的不动产投资及股权转让税费问题；

第二个环节是项目公司经营收益的税务问题；

第三个环节是对投资人分配项目收益时的个人所得税问题。

以上三个问题都需要政策明确，果然，我们等来了《财政部　税务总局关于基础设施领域不动产投资信托基金（REITs）试点税收政策的公告》（财政部　税务总局公告2022年第3号）。

财政部　税务总局关于
基础设施领域不动产投资信托基金（REITs）试点税收政策的公告

为支持基础设施领域不动产投资信托基金（以下称基础设施REITs）试点，现将有关税收政策公告如下：

一、设立基础设施REITs前，原始权益人向项目公司划转基础设施资产相应取得项目公司股权，适用特殊性税务处理，即项目公司取得基础设施资产的计税基础，以基础设施资产的原计税基础确定；原始权益人取得项目公司股权的计税基础，以基础设施资产的原计税基础确定。原始权益人和项目公司不确认所得，不征收企业所得税。

二、基础设施REITs设立阶段，原始权益人向基础设施REITs转让项目公司股权实现的资产转让评估增值，当期可暂不缴纳企业所得税，允许递延至基础设施REITs完成募资并支付股权转让价款后缴纳。其中，对原始权益人按照战略配售要求自持的基础设施REITs份额对应的资产转让评估增值，允许递延至实际转让时缴纳企业所得税。

原始权益人通过二级市场认购（增持）该基础设施REITs份额，按照先进先出原则认定优先处置战略配售份额。

三、对基础设施REITs运营、分配等环节涉及的税收，按现行税收法律法规的规定执行。

四、本公告适用范围为证监会、发展改革委根据有关规定组织开展的基础设施REITs试点项目。

五、本公告自2021年1月1日起实施。2021年1月1日前发生的符合本公告规定的事项，可按本公告规定享受相关政策。

第七部分

控股战略

上市融资想得好，持股设计要趁早

持有上市公司股权的商业目的不外乎三个：控制、分红、套现。

实现这些商业目的，税负是一个绕不过去的坎儿。笔者接触过很多上市公司，上市前对持股结构设计不到位，等到分红、解禁时临阵抱佛脚，所以就出现了有限责任迁址改制成有限合伙这种自我打脸的方式。

资本交易的税务问题说到底就是对持股平台的灵活运用。要分红，多用有限责任；要套现，多用有限合伙。

此时老板们想的是：什么分红，套现的，我都要。有没有办法做到？

答案：有！

我们来看"倍轻松"（经常坐飞机的人肯定对这个品牌不陌生）的公告。

倍轻松于2021年7月9日发布招股书，披露2019年11月实控人马学军以所持发行人股份出资设立赫廷科技和日松管理，即实控人马学军将所持倍轻松股份460.00万股（占股份总数的10.00%）投资设立青岛赫廷科技有限公司，马学军将所持倍轻松股份322.00万股（占股份总数的7.00%）投资设立莘县日松企业管理咨询中心（有限合伙）。公司称，本次股权转让系基于税务筹划方面的考虑，马学军以所持的部分发行人股权出资赫廷科技和日松管理，具有合理性。发行人经评估净资产评估值为193,081,962.21元，按照马学军持有股权72.88%计算，马学军持有的发行人股权价值评估值为140,718,134.06元。

新增股东	目前持股数量（万股）	股份取得方式	入股原因	股份取得时间	价格
赫廷科技	460.00	股东以发行人10%股权出资，股权评估值为1,930.81万元	**基于税务筹划方面的考虑**，实控人马学军以所持的部分发行人股权出资赫廷科技和日松管理。**股权出资未提及税款缴纳情况**	2019年12月	—
日松管理	268.95	股东以发行人7%股权出资，股权评估值为1,351.57万元		2019年12月	—

"倍轻松"的大股东马学军共持有上市公司71.02%的股权。这些股份如果全部由其个人持有，其面临的税负问题有两个。

1. 分红个税

《财政部　国家税务总局　证监会关于实施上市公司股息红利差别化个人所得税政策有关问题的通知》（财税〔2012〕085号）：解禁前取得的股息红利继续暂减按50%计入应纳税所得额，适用20%的税率计征个人所得税。

2. 解禁个税

《财政部　国家税务总局　证监会关于个人转让上市公司限售股所得征收个人所得税有关问题的通知》（财税〔2009〕167号）：自2010年1月1日起，对个人转让限售股取得的所得，按照"财产转让所得"，适用20%的比例税率征收个人所得税。

怎么办？那就提前把这两个问题设计好。

要分红，多用有限责任；要套现，多用有限合伙。鸡蛋不要装在一个篮子里。

说干就干！

2019年11月，实控人马学军以所持发行人股份出资设立赫廷科技和日松管理，即实控人马学军将所持倍轻松股份460.00万股（占股份总数的10.00%）投资设立青岛赫廷科技有限公司，马学军将所持倍轻松股份322.00万股（占股份总数的7.00%）投资设立莘县日松企业管理咨询中心（有限合伙）。

1. 对于分红问题：赫廷科技是有限公司，持股10%。一旦分红，完全可以用"定向分红"方式实现归属于马学军的股息红利定向分红给赫廷科技，而赫廷科技作为有限责任公司，股息红利免征企业所得税。

更重要的是，在赫廷科技里的钱有两种出路：出路一，直接对外再投资。出路二，再次分红给马学军本人。这种情况下，适用20%个人所得税税率。但有很多地方对于实缴的个人所得税是有"财政奖励"的！

2.对于解禁问题：上市公司大股东不可能一下子完全套现退出，好吧，我先预留7%，放在有限合伙企业里。一旦解禁，就先套现这7%。有限合伙平台持有，注册地可能会有相应的优惠政策。

3.至于剩下的股权，暂时谁也看不了那么远，公司还要经营不是？将来再说，没毛病！

最后，总结一下：

1.公司上市前，实际控制人一定要考虑到未来的税负问题，并作出提前设计。

2.可以留一部分股权以有限公司制持股平台持有，未来以定向分红方式解决股息红利个税问题。

3.再留一部分准备套现的股权以有限合伙制持股平台持有，未来以地方优惠政策解决解禁个税问题。

4.任何一个方案都不可能一下子解决所有时间里的所有问题，鸡蛋不要装在一个篮子里，未来很长，慢慢再来。

上市前股改时以留存收益转增，股东个税处理深陷"三重门"

以留存收益转增注册资本，自然人股东是否需要缴纳个人所得税？这个问题似乎没有任何争议。

从理论上看：留存收益来源于企业经营中的未分配利润和盈余公积，以其转增股本在税务上视为先分配后增资，自然人股东获得分配自然要交个人所得税。

从政策上看：《国家税务总局关于进一步加强高收入者个人所得税征收管

理的通知》（国税发〔2010〕054号）中也明确规定，加强企业转增注册资本和股本管理，对以未分配利润、盈余公积和除股票溢价发行外的其他资本公积转增注册资本和股本的，要按照"利息、股息、红利所得"项目，依据现行政策规定计征个人所得税。

从实践上看：很多企业也是按这个规定缴纳的个人所得税。

例如兰卫检验2021年5月21日发布公告披露：2015年9月发行人前身兰卫有限整体变更，以净资产折股导致新增注册资本4,727.74万元，其中发起人股东柏智方德（合伙企业）新增股份212.75万元，其合伙人未就本次整体变更为股份公司缴纳个人所得税，相关合伙人贺智华、竺春飞、王惠菁已经出具承诺："如果因本人在兰卫有限股改时未缴纳个人所得税事项导致被税务主管机关追缴税款或处以罚款，相关被追缴的税款或罚款由本人承担，保证不给兰卫检验或兰卫检验其他股东造成损失或不利影响"。

理论、政策、实践，三者看上去配合得天衣无缝，但实际上，如果我们再多看几个公告就会发现，像兰卫检验这样的"乖乖仔"可不多，我们姑且把这种处理方式称为"正常交税门"。

下边这位可就不一般了，开启了另一重"五年递延门"。

显盈科技于2021年5月20日发布招股书公告披露：发行人2016年7月整体变更为股份公司时存在盈余公积和未分配利润转增股本的情况，自然人股东陈世华已就直接持股部分缴纳了个人所得税30.00万元；林涓、肖杰直接持股应缴纳的个人所得税分别为90.00万元和40.00万元，已于2018年7月20日取得了国家税务总局深圳市税务局出具的编号为61440306007001225号的《个人所得税分期缴纳备案表（转增股本）》，本次整体股份改制涉及个税缴纳方式为在第五年一次缴纳，缴税截止时间为2021年6月30日。

从字面上看，显盈科技和兰卫检验的情况是一样的，但为何前者就可以在第五年一次缴纳呢？本来应该今天交的税，让你5年以后再交，这本身就是一种递延纳税优惠，毕竟这些钱买个理财至少也有5%以上的收益吧，5年就是超过25%的收益，一方面晚交了税，一方面变相减免了一部分。只是深圳市税务局做出这样的处理，政策依据何来呢？

我猜应该是《财政部 国家税务总局关于个人非货币性资产投资有关个人所得税政策的通知》（财税〔2015〕041号）吧：

个人以非货币性资产投资，应按评估后的公允价值确认非货币性资产转让收入。非货币性资产转让收入减除该资产原值及合理税费后的余额为应纳税所得额。

……

个人应在发生上述应税行为的次月15日内向主管税务机关申报纳税。纳税人一次性缴税有困难的，可合理确定分期缴纳计划并报主管税务机关备案后，自发生上述应税行为之日起不超过5个公历年度内（含）分期缴纳个人所得税。

但是好像哪里不对啊，财税〔2015〕41号文里对非货币性资产的解释里并不包括留存收益：

本通知所称非货币性资产，是指现金、银行存款等货币性资产以外的资产，包括股权、不动产、技术发明成果以及其他形式的非货币性资产。

本通知所称非货币性资产投资，包括以非货币性资产出资设立新的企业，以及以非货币性资产出资参与企业增资扩股、定向增发股票、股权置换、重组改制等投资行为。

难道税务局认为留存收益也是一种非货币资产吗？我们在一开篇就提到过，从理论上看，留存收益来源于企业经营中的未分配利润和盈余公积，以其转增股本在税务上视为先分配后增资，自然人股东获得分配自然要交个人所得税。所以，留存收益转增理论上是一种货币资产增资，怎么在这里被生生地变成了非货币资产呢？难道就因为没有直接体现成货币形式？在其他业务中，税务局可不是这么认定的啊。

各位看官莫急，还有比"五年递延门"更魔幻的。

四通股份于2018年11月23日发布公告，披露拟实施重大资产重组收购康恒环境100%股份，达到其借壳上市目的。其中，康恒有限整体变更及后来资本公积转增股本的处理颇为耐人寻味。事项梳理如下：

1）2013年8月，康恒环境由有限公司整体变更为股份有限公司，整体变更前后注册资本4,000万元未变更，盈余公积及未分配利润转入资本公积12,072,977.42元，未缴纳个税。根据《国家税务总局关于进一步加强高收入者个人所得税征收管理的通知》（国税发〔2010〕54号）的规定，对以未分配利润、盈余公积和除股票溢价发行外的其他资本公积转增注册资本和股本的，要按照"利息、股息、红利所得"项目，依据现行政策规定计征个人所得税。鉴于康恒环境整体变更前后注册资本没有发生变化，没有发生未分配利润、盈余公积金、资本公积金转增注册资本情形，康恒环境的相关股东无需就康恒有限整体变更为股份有限公司缴纳个人所得税。

转的是资本公积，不是实收资本，不收个税，也算说得过去。可是这下一步……

2）2017年8月，资本公积转增股本——以资本公积向全体股东每10股转增10股（2016年度利润分配方案），认为符合国税发〔1997〕198号免征条件，无需缴纳个税。"根据青浦区国家税务局第二十税务所出具的说明，本次资本公积转增股本按照《国家税务总局关于股份制企业转增股本和派发红股征免个人所得税的通知》（国税发〔1997〕198号），无需纳税；本次增资不涉及税款缴纳。"

国税发〔1997〕198号文里所说的不征个税情形在《国家税务总局关于原城市信用社在转制为城市合作银行过程中个人股增值所得应纳个人所得税的

批复》(国税函〔1998〕289号)中有明确解释:《国家税务总局关于股份制企业转增股本和派发红股征免个人所得税的通知》(国税发〔1997〕198号)中所表述的"资本公积金"是指股份制企业股票溢价发行收入所形成的资本公积金。将此转增股本由个人取得的数额,不作为应税所得征收个人所得税。而与此不相符合的其他资本公积金分配个人所得部分,应当依法征收个人所得税。

康恒环境这个资本公积也不是由股票溢价发行形成的啊,怎么就符合国税发〔1997〕198号文免征个税的规定了呢?

先用留存收益转资本公积,再用资本公积转股本,这操作我们称之为"魔力转换门"。

总结一下,留存收益转增股本,原股东个税这个很基础的问题在实践中出现了3种处理方式:

1. 正常交税门,即自然人股东按规定正常交税;
2. 五年递延门,即打一个擦边球,享受5年递延纳税;
3. 魔力转换门,即打两个擦边球,把个税变没了。

三种方式均得到了税务机关背书认可,个中对错,请各位看官自行评说。

向法人股东"定向分红"这条小鱼怎样做出三道大菜

首先问一个问题:如果一个有限责任公司有3个股东,分别持股40%、30%、30%,该有限责任公司有未分配利润100万元,请问有限责任公司股东会是否可以决定将这100万未分配利润全部分配给1个股东?

答曰:"然也。"

按照《中华人民共和国公司法》第34条,有限责任公司的股东按照实缴的出资比例分取红利,但是,全体股东约定不按照出资比例分取红利的除外。

这就是我们今天要说的"定向分红"。短短几个字的表述貌似小鱼一条,没什么汁水。可是，如果我们把它跟法人股东取得分红免征企业所得税政策结合起来，至少可以做出三道大菜。

第一道：资金"保管箱"。

风光新材于2020年12月18日提交的创业板IPO保荐机构回复意见披露：持发行人5%以上股份的主要股东风光实业（实控人母子持股主体，王磊持股95%、其母韩秀兰持股5%）在2016年10月成立的次月（11月）即向发行人增资、拟认缴1.4亿元，且在2016年11月30日完成实际出资之前的6天内，即2016年11月25日至30日获公司前身收风光有限分红款2.24亿元（定向分红）。

公告同时披露：出于税务筹划考虑，直接向自然人股东分红将涉及较高税负且此次分红安排主要用于向发行人增资，故王磊、韩秀兰在当时积极研究税收筹划方案（即通过王磊、韩秀兰所控制企业对发行人增资并向该企业定向分红的方案）并就该税收筹划方案与所在地税务主管部门进行了沟通。但鉴于该等税收筹划方案的论证及沟通均需要一定时间周期，为尽快推动注册资本实缴，王磊、韩秀兰决定暂通过向发行人拆借资金方式解决实缴出资的资金问题，并在税收筹划方案确定后通过分红及其他自有资金的归集尽快完成占用资金的归还。

这就很易于理解了，就是原来是自然人持股，现在想换成法人持股，但是法人持股平台风光实业并没有现金。如果直接向自然人股东分红，会涉及20%个人所得税，怎么办呢？分三步：

第一步，先用法人持股平台风光实业对风光新材以认缴形式增资；

第二步，由风光新材对风光实业定向分红。由于风光实业是有限公司，所以收到分红是免征企业所得税的；

第三步，由风光实业以收到的分红款进行实缴出资，任务完成。

这里，我们想说的不是这个过程，而是他为什么突然引入风光实业这个法人制持股平台？

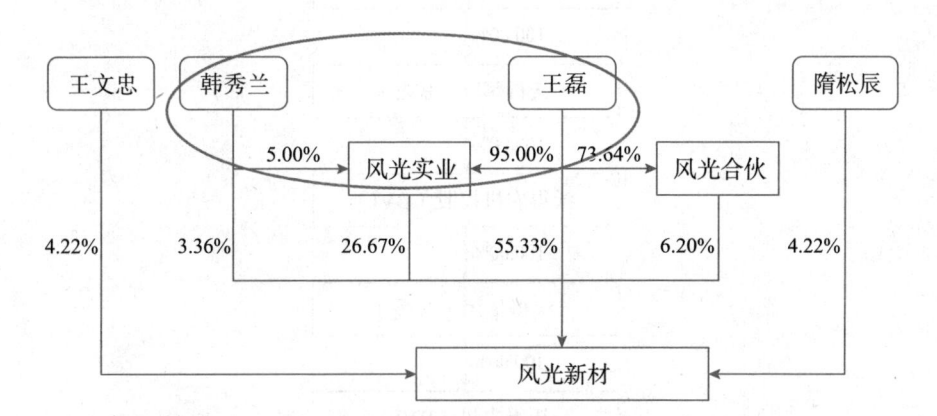

从公告最终披露的内容中我们看到，企业最终股权架构如下：

```
王文忠      韩秀兰              王磊          隋松辰
                5.00%    风光实业   95.00%   73.64%   风光合伙

   4.22%   3.36%    26.67%       55.33%      6.20%     4.22%

                           风光新材
```

这里面风光实业、风光合伙2个股东十分显眼，一个是有限公司，一个是有限合伙企业。这两个持股平台的加入有什么意义呢？很明显，风光合伙是一个员工持股平台，而且这个平台的合伙人中王磊占了73%的比例，这个平台只有一个目的，就是上市之后的解禁套现。

而风光实业这个有限公司持股平台有一个作用——资金保管箱。风光新材未来的利润分配时，再次直接定向分红到风光实业，免征企业所得税，而实控人将通过控制风光实业，从而控制这些现金。如果实控人有新增对外投资，则以风光实业作为投资方直接对外投资。这样一来就省却了股息、红利分配中的个人所得税。

该套现的套现，该投资的投资，逻辑丝丝入扣！

第二道：股转"节压阀"。

沃得农机于2021年6月17日发布公告披露：红筹架构拆除期间，发行人前身"沃得有限"之股东"沃得香港"和"沃得创投"于2018年5月作出股东会决议，决定"沃得有限"按照持股比例向其分红人民币22亿元，其中"沃得香港"的分红金额为2亿元，"沃得创投"的分红金额为20亿元，"沃得香港"就分配利润已在境内按照10%的税率缴纳了预提所得税。"沃得农机"原股权架构如下：

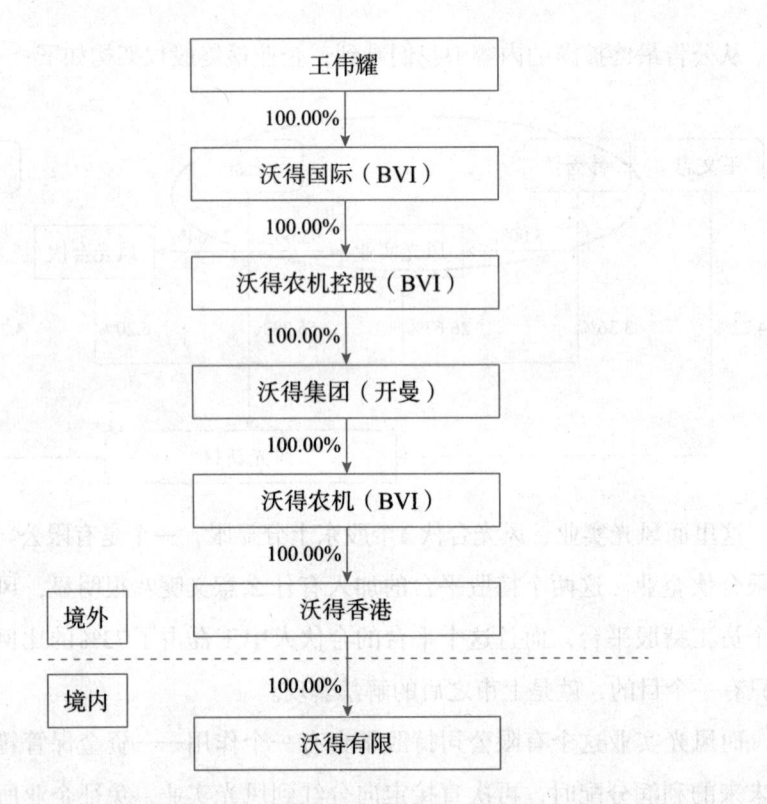

```
          ┌─────────────┐
          │   王伟耀    │
          └──────┬──────┘
              100.00%
          ┌──────▼──────────┐
          │ 沃得国际（BVI） │
          └──────┬──────────┘
              100.00%
          ┌──────▼────────────┐
          │ 沃得农机控股（BVI）│
          └──────┬────────────┘
              100.00%
          ┌──────▼──────────┐
          │  沃得集团（开曼）│
          └──────┬──────────┘
              100.00%
          ┌──────▼──────────┐
          │ 沃得农机（BVI） │
          └──────┬──────────┘
              100.00%
          ┌──────▼──────┐
 境外     │  沃得香港   │
          └──────┬──────┘
─ ─ ─ ─ ─ ─ ─ ─ ─│─ ─ ─ ─ ─ ─ ─
 境内       100.00%
          ┌──────▼──────┐
          │  沃得有限   │
          └─────────────┘
```

从公告披露内容看，拆除红筹时，公司本来想把"沃得香港"持有的100%的"沃得有限"的股权进行转让，其中10%转让给外部投资人，90%转让给自己在境内新设的持股平台"沃得创投"。但是，此时"沃得有限"账上有22亿元未分配利润，导致"沃得香港"的股权转让预提所得税会非常高，怎么办呢？又是分三步操作：

第一步，"沃得创投"向"沃得有限"认缴增资；

第二步，"沃得有限"向"沃得香港"和"沃得创投"定向分红。其中原股东"沃得香港"只分到2亿元，按10%缴纳预提所得税。而新来的这个家伙"沃得创投"却分到了20亿元！由于"沃得创投"是有限公司，所以分红免税。

第三步，"沃得香港"再转让"沃得有限"10%的股权给外部投资者，这时的转让价已降低了22亿元，所得税自然也就少了。

该增资的增资，该转让的转让，逻辑丝丝入扣。

第三道：资金"调节器"。

A为母公司，持有B公司30%股权。张先生是A公司的大股东，目前对A公司有5,000万元债权，对B公司有3,000万元债务。现在集团担心B公司对实际控制人张先生借出的3,000万元年末不能收回，又未用于生产经营，可能被税务机关以视同分红为由向张先生追征个人所得税，所以急于将B公司账上3,000万元对张先生的债权抹平，但是张先生的确没有钱还给B公司，怎么办？还是分三步走。

第一步，B公司向其持股30%的法人股东A公司定向分红3,000万元。A公司是法人企业，免征企业所得税。

第二步，A公司将3,000万元还给张先生，同时消除对张先生的债务3,000万元。

第三步，张先生把3,000万元还给B公司。

该分红分红，该还钱还钱，逻辑丝丝入扣。

总结一下，《中华人民共和国公司法》第34条看似漫不经心的半句表述，埋下了"定向分红"的伏笔。实务工作中，如果跟法人持股平台分红免征企业所得税政策配合在一起使用，威力无穷，至少可以有三种应用场景：

第一种，资金"保管箱"，主要用于分红之后的再投资情况；

第二种，股转"节压阀"，主要用于分红之后的股权转让；

第三种，资金"调节器"，主要用于母子公司之间调整资金使用。

这就是"法务+税务"的力量。

净资产折股时，有限合伙持股平台合伙人可以分5年纳税吗？

紫建电子于2021年4月7日发布公告，披露发行人前身2019年11月15日整体变更设立股份公司时以净资产折股、新增注册资本2,230.5万元，自然人股东及通过维都利投资、富翔盛瑞和富翔兴悦三家有限合伙主体间接持有公司股份的自然人股东已于2020年4月27日依照财税〔2015〕41号完成分期缴纳（5个公历年度内）备案，将按照《非货币性资产投资分期缴纳个人所得税备案表》计划的缴税时间和金额履行股改纳税义务。

看到这个公告，笔者不禁想到一个问题：净资产折股时，有限合伙持股平台合伙人可以分5年纳税吗？

我们先看一下《财政部 国家税务总局关于个人非货币性资产投资有关个人所得税政策的通知》（财税〔2015〕041号）的相关规定：

一、个人以非货币性资产投资，属于个人转让非货币性资产和投资同时发生。对个人转让非货币性资产的所得，应按照"财产转让所得"项目，依法计算缴纳个人所得税。

二、个人以非货币性资产投资，应按评估后的公允价值确认非货币性资产转让收入。非货币性资产转让收入减除该资产原值及合理税费后的余额为应纳税所得额。

个人以非货币性资产投资，应于非货币性资产转让、取得被投资企业股权时，确认非货币性资产转让收入的实现。

三、个人应在发生上述应税行为的次月15日内向主管税务机关申报纳税。纳税人一次性缴税有困难的，可合理确定分期缴纳计划并报主管税务机关备案后，自发生上述应税行为之日起不超过5个公历年度内（含）分期缴纳个人所得税。

……

五、本通知所称非货币性资产，是指现金、银行存款等货币性资产以外的资产，包括股权、不动产、技术发明成果以及其他形式的非货币性资产。

本通知所称非货币性资产投资，包括以非货币性资产出资设立新的企业，以及以非货币性资产出资参与企业增资扩股、定向增发股票、股权置换、重组改制等投资行为。

通过公告内容，我们不难看到，至少有3个环节证实了维都利投资、富翔盛瑞和富翔兴悦三家有限合伙主体间接持有公司股份的自然人股东分期缴纳个税是不正确的。

第一，适用主体不对。财税〔2015〕41号文从头到尾强调的投资主体都是"个人"，而不是合伙企业；

第二，适用税目不对。个人以非货币资产投资适用的是"财产转让所得"，而有限合伙企业以非货币资产投资适用的应是"生产、经营所得"。

第三，资产概念不对。净资产不能混同于非货币资产，财税〔2015〕41号文列举中主要说的非货币形式的资产，盈余公积、未分配利润这些应属于权益，而不属于非货币资产范围。

日常看到很多上市公司净资产转增股本时都适用了财税〔2015〕41号文，采取5年递延纳税了，虽然有瑕疵，但至少投资主体和适用税目还是对的。

需要强调的是，公告披露的公司整体变更时的自然人股东及通过维都利投资、富翔盛瑞和富翔兴悦间接持有公司股份的股东已于2020年4月27日完成分期缴纳备案，将按照《非货币性资产投资分期缴纳个人所得税备案表》计划的缴税时间和金额履行股改纳税义务。

我们经常能在上市公司公告中看到诸如"税务机关出具完税证明""已按规定完成备案"这样的表述，出具完税证明不代表完税过程没有问题，完成备案也不代表取得税务机关同意。

"备案"不同于"审批"，"备案"成功也不代表主管税务机关同意分期缴纳税款的事宜。换句话说，如果有一天主管税务机关在后续检查中发现这个问题，还是有追索税款权力的。

一个承债式股权转让教科书般的案例

宁波联合于2020年3月17日发布2019年年报披露：2019年公司处置全资子公司梁祝旅游公司100%股权（开展酒店建设、出让时点评估值为-592.76万元），股权转让款金额4,800,000.00元，同时收回土地使用权款项65,080,702.18元，股权转让净收益为393万元。出让前，全资子公司梁祝公司于2017年12月将用于建设酒店的土地使用权划转至其全资子公司梁祝旅游公司，已获税务局确认除印花税以外无其他税费。目前，梁祝旅游公司主要从事酒店项目的开发与建设工作，随着2019年股权转让完成，上述酒店项目随之转出。

事情是这样的，宁波联合有一个子公司，宁波联合给它取了一个非常浪漫的名字——梁祝公司。

根据公告内容我们推测出以下情况：

1.宁波联合当时给子公司梁祝旅游实投资本很少。

2.梁祝公司拿到酒店建设用地的款项大多数为宁波联合借给的，大概是6,500万元。

3.有一天，宁波联合改变主意了，准备把这块地卖掉变现。

4.梁祝公司并不想直接转让土地，因为这会涉及增值税、土地增值税、企业所得税、印花税、契税5个税种。

5.那就按照传统套路，把梁祝公司卖了好了。等等，不行，梁祝公司账上除了这块土地以外，可能还有其他资产，要是把梁祝公司卖了，岂不是把其他资产一起卖了？不妥，不妥。

6.办法总比困难多，干脆这样吧，我让梁祝公司成立一个100%控股的子公司"梁祝旅游"，之后把这块土地"划转"给"梁祝旅游"。

7.梁祝旅游账上倒是干净，除了这块土地什么都没有。下一步，咱把它的股权全部卖掉不就实现目标了！

非常好，开干！

第一步，梁祝旅游公司成立于2016年1月14日，注册资本480万元人民币；

第二步，梁祝公司于2017年12月将用于建设酒店的土地使用权划转至其全资子公司梁祝旅游公司。

这步就是我们熟悉的"资产划转"，可能涉及的税种及处理思路如下：

1.增值税：不征税

《财政部 国家税务总局关于全面推开营业税改征增值税试点的通知》（财税〔2016〕036号）规定，在资产重组过程中，通过合并、分立、出售、置换等方式，将全部或者部分实物资产以及与其相关联的债权、负债和劳动力一并转让给其他单位和个人，其中涉及的不动产、土地使用权转让行为不征增值税。（开票代码607、608）。

2.土地增值税：无

资产划转到底征不征土地增值税，以主管税务机关判断为准，本例中"税务局确认除印花税以外无其他税费"。

3.印花税：按产权转移书据，万分之五

4.契税：免

根据《财政部 税务总局关于继续执行企业 事业单位改制重组有关契税政策的公告》（财政部、税务总局公告2021年第17号），同一投资主体内部所属企业之间土地、房屋权属的划转，包括母公司与其全资子公司之间，同一公司所属全资子公司之间，同一自然人与其设立的个人独资企业、一人有限公司之间土地、房屋权属的划转，免征契税。

5.企业所得税

《财政部 国家税务总局关于促进企业重组有关企业所得税处理问题的通知》（财税〔2014〕109号）：对100%直接控制的居民企业之间，以及受同一或相同多家居民企业100%直接控制的居民企业之间按账面净值划转股权或资产，凡具有合理商业目的、不以减少、免除或者推迟缴纳税款为主要目的，股权或资产划转后连续12个月内不改变被划转股权或资产原来实质性经营活动，且划出方企业和划入方企业均未在会计上确认损益的，可以选择按以下规定进行特殊性税务处理：

（1）划出方企业和划入方企业均不确认所得。

（2）划入方企业取得被划转股权或资产的计税基础，以被划转股权或资产的原账面净值确定。

（3）划入方企业取得的被划转资产，应按其原账面净值计算折旧扣除。

根据公告披露:"梁祝旅游公司申请减免相关契税并获取了宁波市海曙区地方税务局的批复,该划转事项未产生除印花税以外的其他税费。本期梁祝旅游公司股权已转让给雷孟德集团有限公司。"

大额不动产转让,基本都采用的是股权转让模式。有股权时,直接卖股权,如果没股权,或本级股权不好卖,那就造出股权!造股权的方法,无外乎两种——横向分立和纵向划转。

此为本案的第一个亮点。

只是划转时虽然可以享受企业所得税特殊性税务处理,但是划转完成后12个月内是不能转让子公司股权的,否则可能会被税务机关以改变资产用途为名追征企业所得税。

宁波联合显然是注意到了这点,公告披露:"2019年12月20日,全资子公司梁祝公司将其全资子公司梁祝旅游公司100%股权在宁波产权交易中心以480万元价格挂牌出让。"

人家是划转之后2年才转让的,符合了规定。

宜未雨绸缪,莫临渴掘井!此为本案的第二个亮点。

接下来的问题就是,孙公司梁祝旅游账上现在有资产,有负债,净资产为-592.76万元。很显然,买家感兴趣的是地,而不是公司,之所以同意买公司而不是买土地使用权,是因为这样做土地仍然挂在公司名下,省了一笔契税。

点睛之笔:"12月30日,雷孟德集团有限公司以480万元价格摘牌,同日与梁祝公司签订了《非国有产权交易合同》,按挂牌条件要求支付了全部股权转让款和代梁祝旅游公司支付了其所欠梁祝公司的65,080,702.18元款项。"

买公司买的是总资产还是净资产?是净资产!换句话说,土地是我的,债务我也接了,我一共拿出6,900万元,但请注意,其中480万元是股权转让款,另外6,500万元是替梁祝旅游还债!而对于卖家梁祝公司来说,一共收到了6,900万元,其中6,500万元是收回的债权,真正的股权转让收入只有480万元,并没有体现出太多所得。

漂亮!

这就是本案的第三个亮点——承债式股权转让。

总结一下：

1.直接转让大额不动产税负较重，所以通常都是把持有资产的公司卖掉；

2.如果不方便卖公司怎么办？那就通过分立或划转把不动产单独装进一个壳公司里；

3.由于新成立的壳公司股权12个月内不宜转让，所以，划转时应尽早规划；

4.承债式股转才是王道。

投资后发现问题，股权原路退还，股权转让个税如何处理？

恺英网络于2020年4月2日发布公告披露：2018年5月29日同意公司全资子公司上海恺英网络科技有限公司（简称"上海恺英"）与浙江九翎网络科技有限公司（简称"浙江九翎"）4名自然人股东周瑜、黄燕、李思韵、张敬签署《股权转让协议》，以106,400万元人民币收购浙江九翎70%股权。收购完成后，浙江九翎成为控股子公司。补充协议约定，交易对方四名自然人股东，应在2018年股权转让完成后的12个月期间届满前（即2019年6月27日前），投入不低于人民币5亿元的资金购买恺英网络股份。

截至2019年末，浙江九翎面临76.62亿元国际仲裁。浙江九翎成立于2017年4月，是一家专注于H5游戏和微信小游戏研发与发行的综合性互联网企业，2017年总收入超过2.5亿元。根据公开资料，2019年12月19日，浙江九翎收到代理律所提供的传奇IP开庭陈述，传奇IP株式会社主张，截至2019年12月18日浙江九翎应向其支付76.62亿元。这一天价纠纷直接导致了此次的协议中止。

股权转让完成后12个月期间届满时，原股东仅投入人民币1.06亿元购买公司股票，尚有人民币3.94亿元未履行买入义务。上海恺英就请求判令李思韵、张敬、黄燕履行原协议约定等事项向浙江省杭州市中级人民法院（以下简称"杭州中院")提起诉讼。2020年1月17日,公司收到杭州中院的案件受理通知书,杭州中院正在审理当中。

浙江九翎面临76.62亿元国际仲裁,还陷入了巨额债务纠纷。纵使恺英网络财大气粗,恐怕也是头疼不已。

《庄子·大宗师》:"泉涸,鱼相与处于陆,相呴以湿,相濡以沫,不如相忘于江湖。"

于是子公司与标的原股东拟签署终止协议。为了妥善解决上海恺英与浙江九翎原股东的纠纷,且浙江九翎可能在未来无法持续经营,前期签署的《股权转让协议》之目的不可实现,经上海恺英与原股东磋商,拟签署《关于浙江九翎网络科技有限公司股权转让协议之终止协议》,约定原股权转让协议及相关协议终止履行:上海恺英将其持有的浙江九翎股权返还给原股东,原股东向上海恺英返还股权转让价款960,837,408元。

这股也退了,钱也退了,一个问题出现了:转让时,原自然人股东已交纳的个人所得税206,325,184元是否可以退还呢?于是双方共同将目光投向了主管税务机关。

主管税务机关:"此非合同中止,乃二次交易也,故已交税款不可退,望好自为之。"

话说主管税务机关这一说辞还是有法律依据的。遥想当年四川也曾出现过类似案情,税务总局曾有答复如下:

《国家税务总局关于纳税人收回转让的股权征收个人所得税问题的批复》(国税函〔2005〕130号):根据《中华人民共和国个人所得税法》及其实施条例和《中华人民共和国税收征收管理法》的有关规定,股权转让合同履行完毕、股权已作变更登记,且所得已经实现的,转让人取得的股权转让收入应当依法缴纳个人所得税。转让行为结束后,当事人双方签订并执行解除原股权转让合同、退回股权的协议,是另一次股权转让行为,对前次转让行为征收的个人所得税款不予退回。

这就尴尬了。

怎么办呢？两家公司想出了一个办法——损失共担：

根据原协议约定，目标股权的转让价格为人民币10.64亿元，且乙方已将股权转让价款全额支付给甲方。因股权转让价款涉及缴纳个人所得税，甲方就股权转让价款总计承担个人所得税206,325,184元，甲方实际得到的款项为人民币857,674,816元。考虑所得税实际已经缴纳且其金额巨大，基于公平原则，甲乙双方确定甲方缴纳的个人所得税206,325,184元由甲乙双方平均分担，乙方承担103,162,592元个人所得税，即甲方实际应向乙方返还的股权转让价款为960,837,408元。

这正是：
投资之前要想好，
认真了解很必要。
一旦出事退了亲，
税款一分退不了。

自然人股权"平价"转让适用"特殊性税务处理"会不会被补税？

说起股权转让，经常听到有人讲"因为我是平价转让的，所以我没有税"，笔者想说，这个因果关系不成立。

唯万密封于2021年8月9日发布公告披露：2020年7月，为消除同业竞争、减少关联交易，实控人董静、薛玉强（二股东）、贾小清将所持万友动力股权平价转让给三人新设的上海致创公司，从而将郑州煤机长壁机械有限公司（简称"郑煤机长壁"）股权注入上海致创（上海致创系专为承接万友动力所投郑煤机长壁股权而设立，无其他实质性业务，上海致创设立时与万友动力此次股权转让前的股权结构相同），平价转让。同日，万友动力股东会作出决议，同意上述股权转让事宜，并决定将万友动力未分配利润1,900万元转增注册资本，万友动力注册资本由100万元变更为2,000万元，由上海致创全部持有。公司称，本次股权转让及增资适用特殊性税务处理。

如果各位看官看到这段表述时感到一头雾水，请不要自责。很多时候你以为看不懂是因为自己能力不行，真相可能是有人根本就不想让你看懂。

笔者的任务是让你看懂，所以综合了公告的内容画出2张图。顺便说一句，股转的过程画出图来一目了然。

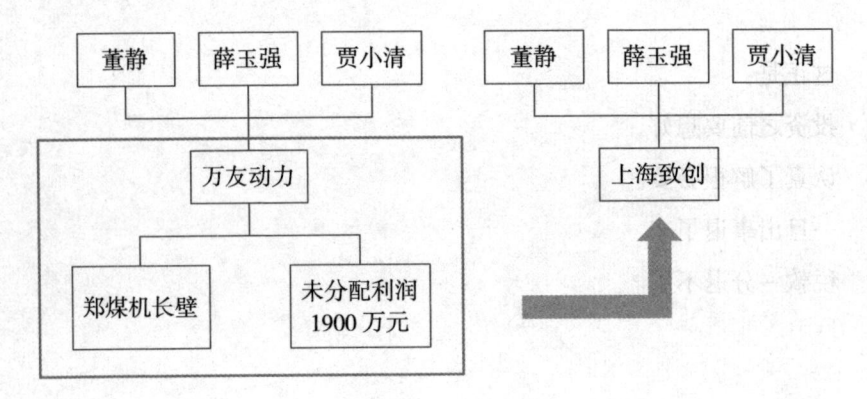

话说几位老板的主要目的是把万友动力干掉。毕竟上市嘛，总要找个干干净净的壳。公告里说的是："为了专注主业、完善经营架构、扩大自制密封件业务，进一步实现国产替代，董静决定放弃万友动力的密封件贸易业务及其他与主业无关的业务，将唯万有限（唯万密封前身）申请上市，故一方面着手在浙江嘉善设立子公司嘉善唯万，购置土地和筹建厂房，扩大自制密封件产能，另一方面准备停止万友动力的密封件贸易业务。"

既然要干掉万友动力，那郑煤机长壁的股权和万友动力的未分配利润就必须找个下家来接盘，于是上海致创应运而生，下面的问题就是如何把这些资产装进上海致创了。

这种重组，路径无外乎以下几条：

1.资产划转。把郑煤机长壁全部股权和万友动力的1,900万元未分配利润全部划转给上海致创。但这样做存在两个问题:一是财税〔2014〕109号文件所说的兄弟公司之间资产划转适用特殊性税务处理的前提条件是两个兄弟公司必须受同一或相同多家居民企业100%直接控制。偏偏万友动力和上海致创"兄弟二人"共同的股东是3个自然人,不是"居民企业",显然适用不了财税〔2014〕109号文。二是即便能够适用财税〔2014〕109号文,那也只是资产划转,1,900万元的未分配利润是没有划转的。

此路不通,再来!

2.股权收购。由上海致创向万友动力发起股权收购,收购万友动力100%股权。这样一来,上海致创就完全持有了万友动力的股权,自然也就持有了郑煤机长壁100%的股权,自然也就拿到了万友动力1,900万元的未分配利润。

那后来呢?后来公告说了:"同日,万友动力股东会作出决议,同意上述股权转让事宜,并决定将万友动力未分配利润1,900万元转增注册资本,万友动力注册资本变更为2,000万元"。如果不出所料,下一步就是干掉万友动力。

那么问题来了,不论是股权收购,还是其他方式的收购,3位自然人股东都是股转的纳税人,在万友动力手中有1,900万元未分配利润存在的情况下,3位自然人股东怎么转让都会涉及高额的个人所得税。

什么?不是适用特殊性税务处理了吗,怎么还有高额个人所得税?

请看清楚,财税〔2009〕59号文件所说的特殊性税务处理是企业所得税!什么时候自然人股东也可以适用特殊性税务处理了呢?

其实此事也不是完全无解,只要我们换一个角度再看,这相当于3名自然人股东以手中持有的非货币性资产"长期股权投资——万友动力"对上海致创进行增资!这样一来,3名自然人股东可以适用财税〔2015〕41号文件规定的"不超过5个公历年度内(含)分期缴纳个人所得税"政策。

然而,5年交齐也得交啊!所以,被逼疯了的公司财务不得不再次拿起了"平价转让"这个原始武器。所以,公告里才会出现"平价转让+特殊性税务处理"这种奇葩的表述。

不过这样做问题又来了,你说平价转让就平价转让吗?我们来看《股权转让所得个人所得税管理办法（试行）》第十一条：符合下列情形之一的，主管税务机关可以核定股权转让收入：（一）申报的股权转让收入明显偏低且无正当理由的。

万友动力账上可有 1,900 万元未分配利润啊，还有郑煤机长壁的股权啊，怎么可能是"平价"！

于是笔者脑补了下面的场景：

税务局：你们这次平价转让，转让价明显偏低，我有权让你补交个人所得税。

自然人股东：您先消消气，《股权转让所得个人所得税管理办法（试行）》不是还有这么一句话吗："符合下列条件之一的股权转让收入明显偏低，视为有正当理由：……（四）股权转让双方能够提供有效证据证明其合理性的其他合理情形。"我们这个交易，本来就是为了内部重组，是自己左手倒右手，都是为了上市成功。

税务局：……

在对一些税收政策的理解上，可能会不同的角色理解角度不同。在与税务部门沟通时，如果能从地方经济发展角度考虑，往往说服税务局的可能性会更大一些。

学了那么多税收政策是干什么的呢？很多财务人员张口闭口就是规避风险，似乎只看到风险。其实不然，学好税务政策有两个作用，一是不犯原则性错误，二是在面对一些可以灵活理解的政策时能够给税务机关一个说得过去的理由，让他们同意对自己有利的税收措施。

股权代持的纳税与再纳税

在现实经济生活中，经常会发生各种隐名代持或者借名投资的行为。对于这些行为的法律效力问题，在不同的司法判例中有不同的观点，核心争议主要存在以下几个方面：

问题1：如果显名股东发生股权转让行为，那么隐名股东和显名股东到底谁是纳税人？

问题2：如果显名股东作为纳税人正常纳税了，那么剩余资金返还给隐名股东时，超过原投资额的部分隐名股东是否还要再交税？如果隐名股东交税的话，是按股息红利还是按借款利息交税？

问题3：如果隐名股东按利息缴纳了企业所得税，那么是否允许名义代持人按照利息支出在税前扣除呢？

山西潞安矿业（集团）有限责任公司于2018年4月27日发布公告，披露了下属企业减持代持限售股、缴纳两次所得税。本案成为股权代持纳税的一个成熟案例：

2010年上海投资公司下属子公司北京潞安投资管理有限公司与上海仁福投资签订关于万达院线相关股份的委托代持协议，委托上海仁福投资作为北京潞安投资管理有限公司的名义持有人认购万达院线股份，北京潞安投资管理有限公司作为实际出资者，对万达院线享有实际的股东权利并有权获得相应的投资收益。2016年北京潞安投资管理有限公司出售上海仁福投资所持有的股票。

这时面临问题1："如果显名股东发生股权转让行为，那么隐名股东和显名股东到底谁是纳税人？"

类似的案例以前也曾经出现，无论是税务机关的答复还是法院的判决都坚定地认为，税务机关不管背后实际投资人，所有隐名代持和借名投资行为都必须以名义持有人为纳税义务人，且名义投资人必须就其账面实现的全部所得（而非名义持有人实际分得的所得）全额纳税。

本例中，在上海仁福投资2016年所得税汇算清缴中，其主管税务机关上海市静安区税务部门以国家税务总局公告2011年第39号《国家税务总局关于转让上市公司限售股有关所得税问题的公告》为依据，认为万达院线股票取得的相关投资收益应当在上海仁福投资注册地计算缴纳税款。因此，上海仁福投资在上海缴纳了企业所得税,将其出售股票的收益扣除应交的所得税后的余额转交给北京潞安投资管理有限公司。

该处理显然也遵从了类似情况的一贯原则,即显名股东为纳税人。那么问题2就显现出来了:"如果显名股东作为纳税人正常纳税了,那么剩余资金返还给隐名股东时,超过原投资额的部分隐名股东是否还要再交税?"

公告继续披露:北京平谷区的税务局认定上海仁福投资代北京潞安投资管理有限公司持有万达院线股票的行为为贷款服务行为,取得的投资收益为贷款服务的利息收入。根据企业所得税中关于应纳税所得额的规定,北京潞安投资管理有限公司应按照实际收到的全部利息及利息性质的收入缴纳企业所得税,即在北京缴纳的所得税是按照扣除上海仁福投资已交的税金后计算缴纳的所得税。

显然,对于隐名代持和借名投资行为,目前税收征管实践基本都是以名义代持人为纳税人,且需要以全部名义实现所得交税。同时,实际分配给实际投资人环节,实际投资人还要再交税。

那么,如果我们再向前一步,看看问题3:"如果隐名股东按利息缴纳了企业所得税,那么名义代持人是否允许按照利息支出在税前扣除呢?"既然税务机关认定上海仁福代北京潞安投资管理有限公司持有万达院线股票的行为是贷款服务行为,而且北京潞安投资管理有限公司已经按照实际收到的全部利息及利息性质的收入缴纳企业所得税,那么,这部分利息中不高于同期金融机构同期贷款利率部分是否允许上海仁福在企业所得税税前扣除呢?

笔者认为是可以的。理由是对于这种代持行为,目前虽然没有明确的文件规定,但从征管实践与司法判例来看,基本是把代持行为分解为以下几步进行的:

隐名股东将资金借给显名股东→显名股东对外投资→显名股东转让股权并纳税→显名股东将剩余资金连本带息还给隐名股东→隐名股东去除本金部分视为借款利息所得进行纳税→显名股东在税法规定的范围内税前扣除。

企业税负规划的"必达成三角"与"不可能三角"

经常听到有人说：老胡，请教你一下如何"合理避税"。更可笑的是，很多所谓"专业人员"也会说出这种"十分业余"的话。

众所周知，税负规划上有两条硬杠杠：一是合法性，不合法的，那叫"偷税"。二是合理性，合法但不合理的，那叫"避税"。既合法又合理的，那叫"节税"。也就是说，世界上没有合理的避税！避税，一定是不合理的。

一个优秀的"税负规划"方案，一定要同时满足三个条件：

第一，必须符合相关法律规定；

第二，必须能禁得住监管部门检查；

第三，必须不能损害交易对手方利益。

这就是我们所说税负规划的"必达成三角"。

而"阴阳合同"这种低级的操作手法，连避税都算不上，是实实在在的偷税行为。提到"阴阳合同"偷税，我们往往会想到影视圈的一些案例。殊不知，在股权转让环节，利用"阴阳合同"偷税也并不罕见。

请注意我的用语——"阴阳合同"偷税，不是"阴阳合同"避税！

贵州证监局于2021年7月1日宣布贵州易鲸捷信息技术有限公司（以下简称"易鲸捷"）进入辅导上市前的规范指导阶段。2021年6月3日，易鲸捷关联公司股东刘诗源正式向国家税务总局稽查局举报易鲸捷董事长李静偷税，举报称：李静通过"阴阳合同"，在转让济南维鲸捷电子科技合伙企业（有限合伙）（为易鲸捷股东，以下简称"济南维鲸捷"）股权的1.2亿元收入未缴纳个人所得税等税款，涉嫌偷逃税款2,000多万元，国家税务总局稽查局向刘诗源出具了《国家税务总局稽查局检举税收违法行为接收回执》。

天眼查显示，易鲸捷成立于2015年12月，李静担任公司董事长，初始注册资金6,887.20万元，经过数轮增资扩股后，公司注册资金增加到7,334万元。2021年4月30日，易鲸捷获得了中国软件的战略投资。

济南维鲸捷成立于2016年3月17日，注册资本3,272万元，李静担任法定代表人和实控人，刘诗源为济南维鲸捷的股东。济南维鲸捷持有易鲸捷

37.49%的股权，是其第一大股东。2020年在转让济南维鲸捷股份时，李静与彭女士等人签订了《关于贵州易鲸捷项目的投资合作协议》，彭女士等人通过购买李静持有的济南维鲸捷个人股份从而间接获得了易鲸捷的股份。

2021年3月25日，刘诗源接到李静通知，称要求其配合办理股权登记。但是，作为济南维鲸捷股东，刘诗源发现要求股东签字提交给工商部门的济南维鲸捷合伙协议、出资确认书、变更决定书和入伙协议显示，彭女士等人入伙的出资时间被提前至2016年3月24日，即济南维鲸捷成立后的第7天。

据刘诗源介绍，涉及股权转让的《关于贵州易鲸捷项目的投资合作协议》并没有提交给工商登记部门；彭女士等人则以获得济南维鲸捷成立之初的注册资金数额实现了股权受让，这也意味着李静通过隐瞒股权转让逃避了纳税申报。

从举报信中提供的易鲸捷B轮融资协议显示，公司在2016年到2018年经过A1和A2轮融资，分别获得1.28亿元和4,000万元投资，估值为10.08亿元；2019年11月，公司B轮融资通过增资扩股吸纳南京高科新创投资有限公司等三家企业1亿元人民币后估值为14.87亿元。

李静在与彭女士等人签订转让济南维鲸捷股份的《关于贵州易鲸捷项目的投资合作协议》时，双方则是按照易鲸捷2019年11月B轮融资后14.87亿元估值价格计算。李静出售济南维鲸捷21.9667%权益比例，相当于易鲸捷股权比例为8.2353%，获得收入为1.2245亿元。

刘诗源发现，李静按照公司亏损和无盈利评估向税务部门申报，彭女士等人则以入伙出资方式办理工商备案，备案资金仅为320.6818万元，与李静实际获得股权转让价款1.2245亿元相差1.1924亿元，这是通过隐瞒股权转让达到偷逃税目的。

关于此案，可以从稽查、税政等多方面去研究。笔者想到的是另一个问题：如果是我，面对如此巨额税款，如果不用阴阳合同，我还能有什么办法？

只要思想不滑坡，办法总比困难多。还是那句话，税的问题是"切肤之痛"，解决皮肤问题，根本还在法律关系上。

李静转让的是"济南维鲸捷电子科技合伙企业（有限合伙）"的股权（严

格来说应表述为"合伙人权益")。根据《中华人民共和国个人所得税法实施条例》:"财产转让所得,是指个人转让有价证券、股权、合伙企业中的财产份额、不动产、机器设备、车船以及其他财产取得的所得",税率为20%。

方法1:将济南维鲸捷迁移到有个人所得税奖励的地区。由于转让合伙企业份额时纳税地点在被转让企业所在地,如果将济南维鲸迁移到有个人所得税奖励的地区,则可以拿到一定数量的个人所得税奖励。这种方式的好处是完全合规,坏处是拿到奖励后个人所得税税负仍然较高。

方法2:调整济南维鲸捷的合伙人结构,由李静在能办理核定征收的地区设立合伙企业A,并以合伙企业A对济南维鲸捷增资,取得相应比例的股权。之后以合伙企业A转让相应股权,由于合伙企业转让财产所得按"生产、经营所得"征收个人所得税,如果恰好能拿到核定征收,则有效降低税负。这种方式的好处是税负低,坏处是核定征收地区不太好找。

方法3:调整济南维鲸捷的合伙人结构,由李静在海南自由贸易港设立合伙企业,操作方法与方法2一致,享受海南自由贸易港15%个人所得税优惠税率+地方政策奖励。这种方式的好处是完全没有风险,坏处是税负仍然较高。

方法4:调整济南维鲸捷的合伙人结构,由李静在广西设立有限责任公司,并以有限责任公司对济南维鲸捷增资,取得相应比例的股权。之后有限责任公司转让相应股权,享受广西的地方级企业所得税减免优惠,综合税负9%。这种方法的好处是合规性好,不足的是股权转让款无法回到个人账户。

方法5:调整济南维鲸捷的合伙人结构,由李静在新疆霍尔果斯收购符合条件的有限责任公司,并以有限责任公司对济南维鲸捷增资,取得相应比例的股权。之后有限责任公司转让相应股权,享受霍尔果斯企业所得税免税政策,税负为0。这种方法的好处是合规性好,难点是需要找到符合条件的壳公司。

方法6……

笔者已经不愿意再往下想了,如果各位看官还有更好的办法,可以一起探讨。

无论哪种方法，要做到合理合法，都会有一定的困难。要么税负偏高，要么不好实施。既好实操又没有税负的方法，基本都是违法的。

笔者心中一直有一个税负规划的"不可能三角"，即"税负最低、操作最简、风险最低"三者不可能同时实现。

难怪作税务咨询的人都有些神经质，一边是"必达成三角"，一边是"不可能三角"，中间夹着什么都想要的委托客户，个中滋味，还是由各位看官自行体会吧。

一个"拆除境外红筹架构"涉及税务问题的经典案例

东鹏控股于2020年9月28日发布公告，披露了其红筹架构搭建、存续及解除过程中涉及的税收事项。红筹拆除前公司架构如下图：

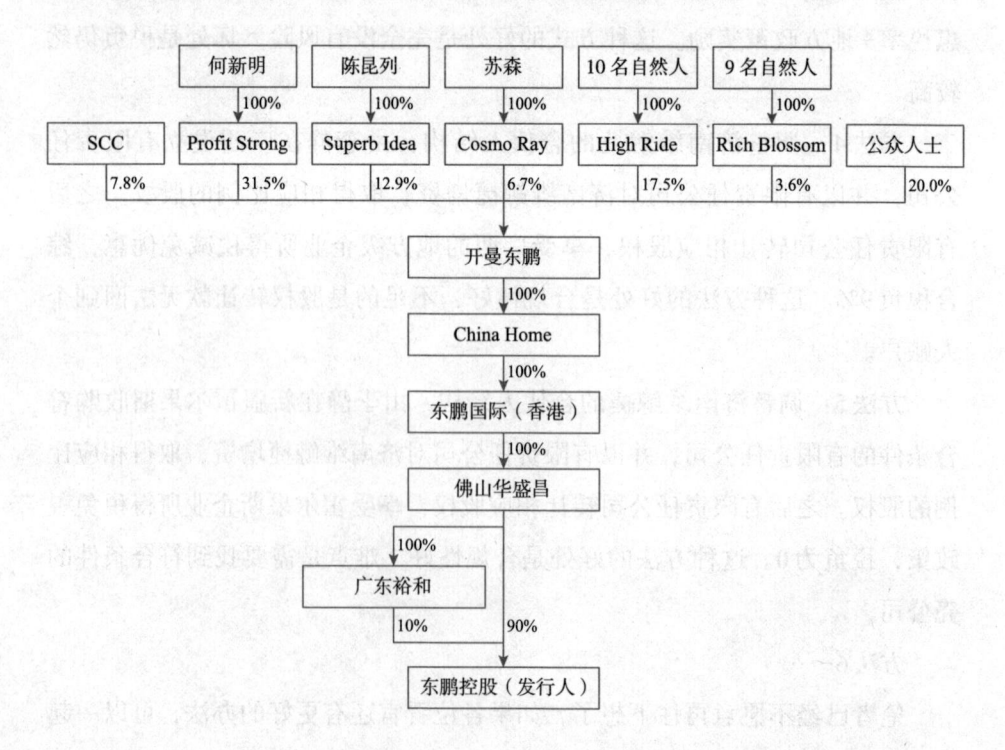

```
   何新明      陈昆列      苏森     10名自然人   9名自然人
    │100%      │100%      │100%      │100%       │100%
   SCC    Profit Strong  Superb Idea  Cosmo Ray  High Ride  Rich Blossom  公众人士
    7.8%       31.5%       12.9%       6.7%       17.5%       3.6%         20.0%
                              │
                           开曼东鹏
                            │100%
                          China Home
                            │100%
                         东鹏国际（香港）
                            │100%
                          佛山华盛昌
                            │100%
                          广东裕和
                         10% │  │ 90%
                         东鹏控股（发行人）
```

红筹回归通常可以划分为三个阶段：

1.私有化（如已经在境外上市）；

2.红筹架构拆除；

3.境内重组。

中间还会涉及员工期权终止、融资安排、利润汇回、注销境外持股平台等多项操作。我们这里主要看红筹架构拆除环节。

第一步：将来境内上市后，还会涉及员工持股、投资人，上市后会有套现需求，套现时为了不多交税，可能会用到有限合伙持股平台，要争取核定征收或是税收奖励。于是，宁波这个"好地方"出现了7家有限合伙持股平台。

公告披露： 2016年11月，公司股本由180,000,000股增加到950,762,445股。新增股本由何新明、陈昆列、苏森及高级管理层或公司员工股东控制的宁波利坚、宁波鸿益升、宁波东粤鹏、宁波客喜徕、宁波东智瑞、宁波裕芝、宁波普晖，以及上海喆德出资认购，每股价格1元。该等增资安排实现了将公司红筹架构的境内自然人股东何新明、陈昆列、苏森及高级管理层或公司员工股东通过境内主体持有公司股份，境内有限合伙企业上海喆德直接持有公司股份的目的。

第二步：一下子增资了7亿多元，哪来那么多现金呢？别担心，佛山华盛昌可以借给大家。他就不怕大家不还？没关系，东鹏控股还有未分配利润打底呐！更让你想不到的是，这一借一分，妙用无穷。

公告披露： 本次增资中，宁波鸿益升、宁波东粤鹏、宁波客喜徕、宁波东智瑞、宁波裕芝、宁波普晖等员工（含部分原东鹏创意员工）持股平台的出资最终资金来源为佛山华盛昌提供的无息借款，后来该借款由前述各员工持股平台以自发行人处取得的分红款进行了清偿。

至此，前期铺垫完成，开始拆！

第三步：既然要回国"嫁人"，自然要跟境外的过往一刀两断，所以，东鹏国际（香港）务必要退出。退出方式为东鹏国际（香港）把佛山华盛昌股权转让给国内新成立的持股平台。

果然不出所料，公告披露：2016年12月，东鹏国际（香港）将其持有的佛山华盛昌7,708万美元注册资本（对应100%股权）以76,700万元的价格转让给堆龙德庆利坚，转让完成后，堆龙德庆利坚持有佛山华盛昌的股权比例为100%，实现了何新明在境内层面对发行人的控制。

香港公司直接转让内地公司的股权，按照企业所得税法，应当就转让所得缴纳预提所得税。自家的事情，左手倒右手，自然转让价越低越好。关键是怎样才能让转让价降下来呢？

对了，咱们前面有铺垫，那7家境内的持股平台可还"嗷嗷待哺"呐，先把资金借给他们，让他们投进来，再分红分给他们还上欠款。一方面解决了实缴资金的问题，一方面拉低了佛山华盛昌股权的转让价。

公告披露：2016年11月23日，发行人向已实缴股东分红，其中佛山华盛昌与广东裕和所获得的分红属于居民企业之间的利润分配，无需缴纳企业所得税。

分了红，公司的市值就下来了，转让价也就低了，此时，再行转让之事税负也就低了。

公告披露：2017年1月4日，堆龙德庆利坚收购东鹏国际（香港）持有的佛山华盛昌全部股权。东鹏国际（香港）此次股权转让所得的溢价部分已由堆龙德庆利坚按照10%的税率代扣代缴企业所得税。

没毛病！

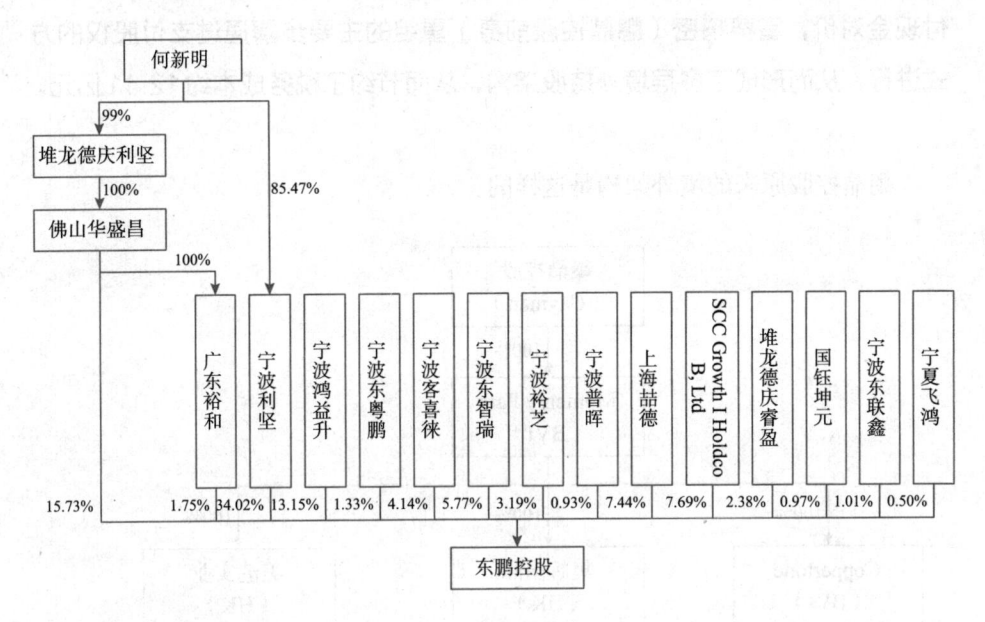

本次股转完成后，公司的股本结构如下图所示：

```
                          何新明
                    99% |
              堆龙德庆利坚
                   100% |        | 85.47%
              佛山华盛昌           |
                   100% |         |
    ┌──────┬──────┬──────┬──────┬──────┬──────┬──────┬──────┬──────┬──────┬──────┬──────┐
   广东   宁波   宁波   宁波   宁波   宁波   宁波   宁波   上海   SCC    堆龙   国钰   宁波   宁夏
   裕和   利坚   鸿益升 东粤鹏 客喜徕 东智瑞 裕芝   普晖   喆德   Growth I 德庆   坤元   东联鑫 飞鸿
                                                              Holdco  睿盈
                                                              B, Ltd
  15.73%  1.75% 34.02% 13.15% 1.33% 4.14% 5.77% 3.19% 0.93% 7.44% 7.69% 2.38% 0.97% 1.01% 0.50%
                                    东鹏控股
```

最后，总结一下：

1.境外红筹架构拆除，重头戏是最下一层境外SPV（特殊目的公司）转让境内公司股权预提所得税问题；

2.有时还会涉及境外公司间接转让境内公司股权反避税问题（国家税务总局公告2015年7号）；

3.先分红，后转让，这个在内资企业股权转让时非常好用的方式，在拆除红筹时同样好用；

4.考虑到未来内资企业上市后的退出问题，可以通过借款把分红与新持股平台增资统一处理。

一次境外重组，两个重要文件，三步股权支付，节税12.41亿元！

鹏鼎控股于2018年8月28日发布公告，披露为了满足财税〔2009〕59

号特殊性税务处理和总局公告2015年第7号安全港规则适用条件以及避免支付现金对价，富葵精密（鹏鼎控股前身）重组的主要步骤通过支付股权的方式进行，从而形成了多层境外持股架构，从而节约了税务成本约12.41亿元。

鹏鼎控股原来的境外架构是这样的：

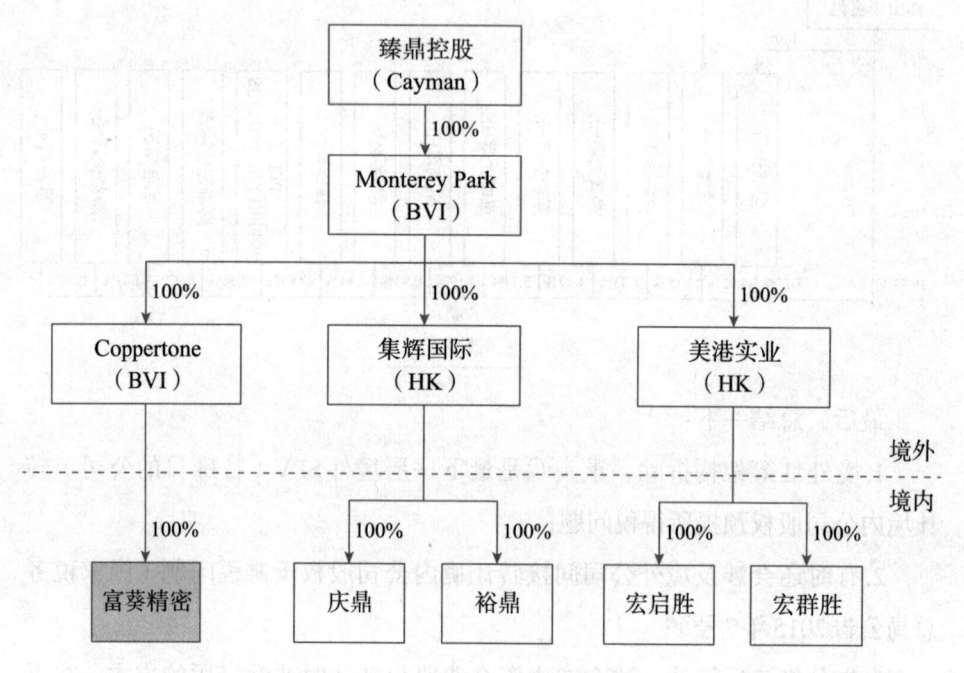

```
                    臻鼎控股
                   （Cayman）
                       │100%
                  Monterey Park
                     （BVI）
        ┌────────────┼────────────┐
       100%         100%         100%
    Coppertone    集辉国际       美港实业
     （BVI）      （HK）         （HK）
                                            境外
─────────────────────────────────────────────────
                                            境内
       100%      100%    100%      100%    100%
     富葵精密    庆鼎    裕鼎     宏启胜   宏群胜
```

现在出于富葵精密在境内上市需要，必须作出以下结构调整：

1.出于未来分红节税考虑，境内上市公司的外资控股方通常要放在香港，享受香港与内地税收协定关于股息红利5%预提所得税优惠。这就涉及Monterey Park将其持有的美港实业100%股权转让给Coppertone。虽然这次转让发生在境外，但《国家税务总局关于非居民企业间接转让财产企业所得税若干问题的公告》（国家税务总局公告2015年第7号）规定：非居民企业通过实施不具有合理商业目的的安排，间接转让中国居民企业股权等财产，规避企业所得税纳税义务的，应按照企业所得税法第四十七条的规定，重新定性该间接转让交易，确认为直接转让中国居民企业股权等财产，即中国征税机关有权力将这次境外的股权转让行为认定为境内股权转让从而征收预提所得税。

2. Coppertone将富葵精密100%的股权装入美港实业。这就涉及Coppertone将其持有的富葵精密100%的股权转让给美港实业。根据《企业所得税法》，非居民企业直接转让境内居民企业100%股权，应就股权转让所得缴纳10%预提所得税。

3. 将庆鼎、裕鼎、宏启胜、宏群胜四家公司100%的股权装入富葵精密。这就涉及集辉国际、美港实业将上述四家公司股权转让给富葵精密。根据《企业所得税法》，非居民企业直接转让境内居民企业100%股权，应就股权转让所得缴纳10%预提所得税。

根据公告披露，这三个环节大概需要缴纳预提所得税达到12.41亿元！

如果真是实质性地转让行为，征税也是天经地义的事情，但这就是一个企业内部的股权架构重组，根本没有交易的商业实质。调个架构就得交12.41亿元的税，这个代价未免太大了，极易造成公司因交不起税而无法进行重组。这也不符合税收中性的基本原则。所以，国家一定会出台针对这类事项的税收优惠政策，从而降低企业内部重组的税收壁垒。

能否活学活用这些优惠政策，考验的就是财务人员的能力。换个角度看，这也正是体现一个财务人员价值的地方。

世无难事，何来人杰！鹏鼎控股的财务团队精准应用了两个优惠文件，通过三步股权支付成功实现了零税负重组。下面就是见证奇迹的时候！

第一步，Monterey Park将其持有的美港实业100%股权转让给Coppertone，Coppertone以其新增股份进行支付。看到了吗？没有支付现金，而是以新增股份进行支付，相当于Monterey Park以美港实业100%的股权对Coppertone进行增资。根据《国家税务总局关于非居民企业间接转让财产企业所得税若干问题的公告》（国家税务总局公告2015年第7号）规定（以下简称"安全港规则"），间接转让中国应税财产同时符合以下条件的，应认定为具有合理商业目的，无需在中国缴纳企业所得税：

（一）交易双方的股权关系具有下列情形之一：

①股权转让方直接或间接拥有股权受让方80%以上的股权；

②股权受让方直接或间接拥有股权转让方80%以上的股权；

③股权转让方和股权受让方被同一方直接或间接拥有80%以上的股权。

境外企业股权50%以上（不含50%）价值直接或间接来自中国境内不动产的，本条第（一）项第1、2、3目的持股比例应为100%。

上述间接拥有的股权按照持股链中各企业的持股比例乘积计算。

（二）本次间接转让交易后可能再次发生的间接转让交易相比在未发生本次间接转让交易情况下的相同或类似间接转让交易，其中国所得税负担不会减少。

（三）股权受让方全部以本企业或与其具有控股关系的企业的股权（不含上市企业股权）支付股权交易对价。

Monterey Park（作为股权转让方）持有Coppertone（作为股权转让受让方）100%股权，完全符合上述第（一）条的规定，为满足上述第（三）条的要求，Coppertone以其新发行股份作为股权转让的支付对价。

Monterey Park已于2016年9月27日在营口沿海产业基地国家税务局完成本次股权转让适用国税7号公告项下有关非居民企业间接转让中国居民企业股权在中国不产生企业所得税纳税义务的备案。

就这样，第一步的预提所得税没有了。

第二步，Coppertone将其持有的富葵精密100%的股权转让给美港实业，美港实业以其新增股份进行支付。根据《财政部　国家税务总局关于企业重组业务企业所得税处理若干问题的通知》（财税〔2009〕59号）第七条，非居民企业向其100%直接控股的另一非居民企业转让其拥有的居民企业股权，没有因此造成以后该项股权转让所得预提税负担变化，且转让方非居民企业向主管税务机关书面承诺在3年（含3年）内不转让其拥有受让方非居民企业的股权的，且同时符合第五条规定条件的，可选择适用特殊性税务处理规定。

第五条　企业重组同时符合下列条件的，适用特殊性税务处理规定：

（一）具有合理的商业目的，且不以减少、免除或者推迟缴纳税款为主要目的。

（二）被收购、合并或分立部分的资产或股权比例符合本通知规定的比例

（即50%）。

（三）企业重组后的连续12个月内不改变重组资产原来的实质性经营活动。

（四）重组交易对价中涉及股权支付金额符合本通知规定比例。

（五）企业重组中取得股权支付的原主要股东，在重组后连续12个月内，不得转让所取得的股权。

Coppertone（作为股权转让方）直接持有美港实业（作为股权受让方）100%股权，符合财税〔2009〕59号文第七条第（一）项；被收购股权为富葵精密100%股权符合财税〔2009〕59号文第五条第（二）项的规定；Coppertone已向主管税务机关承诺3年内不转让其拥有的美港实业股权，符合财税〔2009〕59号文第七条第（一）项的规定；为满足财税〔2009〕59号文第五条第（四）项的要求，美港实业以其新增注册资本进行支付。就前述股权转让，富葵精密已于2016年12月6日取得深圳市宝安区地方税务局松岗税务所出具的《深圳市地方税务局税务文书资料受理回执》（深地税宝松受执〔2016〕085153号）及《非居民企业股权转让适用特殊性税务处理备案表》。

就这样，第二步的预提所得税没有了。

第三步，集辉国际、美港实业分别将庆鼎、裕鼎、宏启胜、宏群胜四家公司100%的股权转让给富葵精密，富葵精密以其新增注册资本进行支付。根据财税59条号文第七条第（二）项的规定，非居民企业向与其具有100%直接控股关系的居民企业转让其拥有的另一居民企业股权，且符合的财税〔2009〕59号文第五条规定条件的，可选择适用特殊性税务处理规定。

美港实业（作为股权转让方）直接持有富葵精密（作为股权受让方）100%股权，符合财税〔2009〕59号文第七条第（二）项的规定；被收购标的为宏启胜100%股权和宏群胜100%的股权，符合财税〔2009〕59号文第五条第（二）项的规定；美港实业已向主管税务机关承诺在重组后连续12个月内不转让其取得的富葵精密股权，符合财税〔2009〕59号文第五条第（五）项的规定；为满足财税〔2009〕59号文第五条第（四）项的要求，富葵精密以其新增注册资本进行支付。同时，相关备案手续已完成。

就这样，第三步的预提所得税也没有了。

调整之后，集团的股权架构变成了下图，完美实现商业目的，未付出一分钱税负成本。

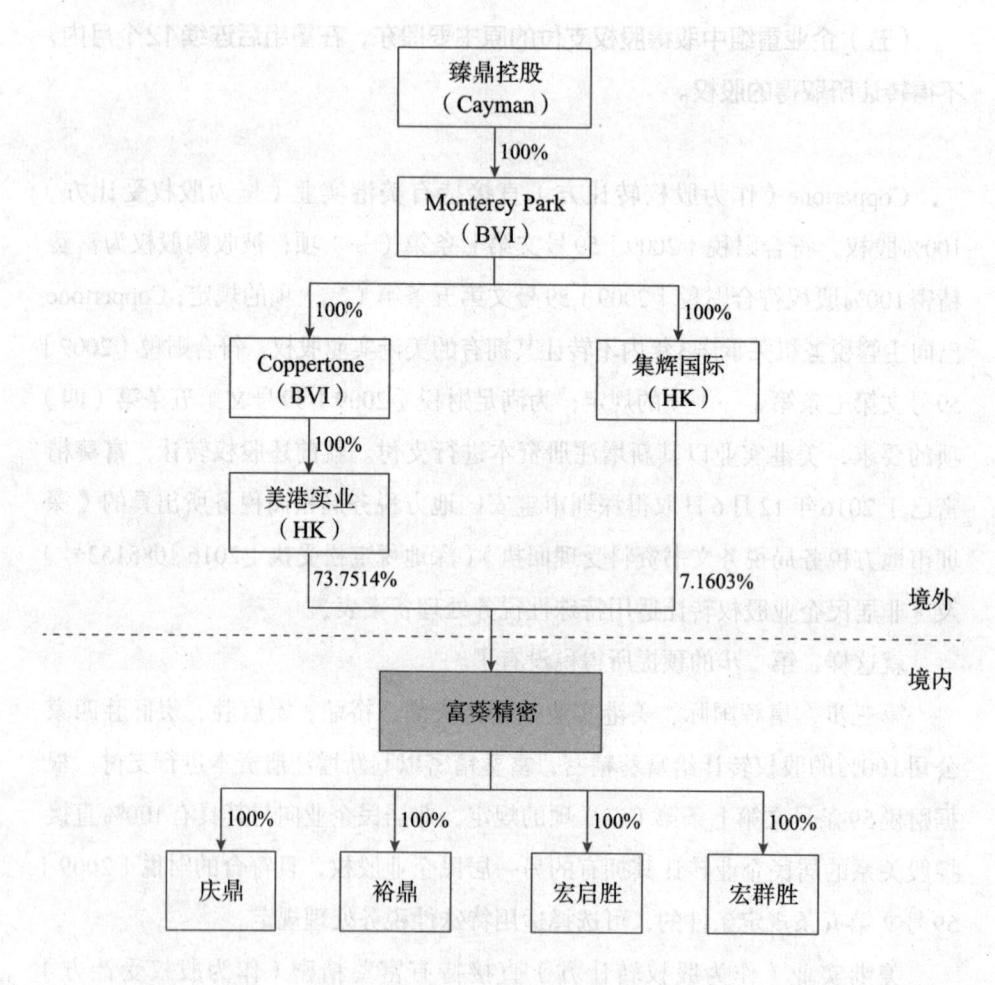

```
                    臻鼎控股
                   （Cayman）
                       │ 100%
                 Monterey Park
                    （BVI）
                  100% ┴ 100%
         Coppertone        集辉国际
          （BVI）            （HK）
            │ 100%
         美港实业
          （HK）
            │ 73.7514%      7.1603%
────────────┼──────────────────────── 境外
            ▼                         境内
         富葵精密
     100% ┬ 100% ┬ 100% ┬ 100%
      庆鼎   裕鼎   宏启胜  宏群胜
```

个人股东代持股还原时，个税问题全靠这条了

上市前披露公司股权的历史沿革是必答题，代持股东还原给实际控制人也是十分常见的现象，只是这一还原，就涉及股东之间的股权转让，所得税

问题就摆在面前了。

宏英智能于2022年2月9日发布《上海市锦天城律师事务所关于公司首次公开发行股票并上市的补充法律意见书（一）》，披露：

公司设立以来的历次股权转让情况如下：

时间	转让方	受让方	股权转让背景	是否涉及股份支付	相关依据
2007年7月	张化宏	曾晖	张化宏将自己持有的宏英有限51.00%股权**转交**曾晖**代持**	否	股份**代持**的形成导致的股份变动
2011年8月	刘新东	曾木根	张化宏将原委托刘新东代持的宏英有限49.00%股权转交曾木根代持	否	股份代持的演变导致的股份变动
2013年11月	曾晖	谢春风	张化宏将原委托曾晖代持的宏英有限51.00%股权**转交**谢春风代持	否	股份代持的演变导致的股份变动
2017年12月	曾木根	曾晖	张化宏将原委托曾木根代持的宏英有限49.00%股权中的30.00%无偿赠与配偶的弟弟曾晖，19.00%无偿赠与配偶曾红英	否	解决股份代持的规范措施及家族内部财产赠与的非交易行为
2017年12月	曾木根	曾红英			
2017年12月	谢春风	曾红英	张化宏将原委托谢春风代持的宏英有限51.00%股权中的11.00%无偿赠与配偶曾红英，40.00%转交配偶曾红英代持	否	
2018年3月	曾红英	张化宏	张化宏将原委托配偶曾红英代持的宏英有限40.00%股权进行还原	否	解决股份代持的规范措施

照理说，两个自然人股东之间转让股权，最低计税价格不应该低于被转让股权对应的净资产份额，如果低于这个价格，税务机关是有权调整的。如果是正常股权转让肯定是要按这个要求征税的，但宏英智能的情况有些特殊。

首先，从转让目的来看，以上几次转让均不具有商业实质，仅是代持人与被代持人之间的股权还原，纯粹是为了上市做的前期准备。

其次，几次转让都是近亲属之间的转让，价格似乎也不重要，也不存在真正的资金交割。

基于以上两点，如果这种情况征个税，似乎不妥。

道理上都能说得通的东西，自然也会有政策规定，公告继续向我们披露了公司的处理方法：

保荐机构及发行人律师走访了公司注册地的主管税务机关国家税务总局上海市嘉定区税务局第十六税务所，主管税务机关确认如下：

自2005年11月设立之日至2018年3月，涉及公司自然人股东刘新东、曾木根、谢春风、张化宏、曾红英、曾晖的历次股权变动（包括但不限于股权转让、股权代持及还原和股权赠与等变动）应当按照工商行政管理部门登记的名义股东作为股权转让方认定缴纳个人所得税，而不按照历次股权变动的交易实质情况（包括但不限于股权代持的形成、还原以及股权赠与）对隐名股东征收个人所得税。

关于涉及公司的历史股东曾木根、谢春风以及公司的控股股东、实际控制人张化宏、曾红英、曾晖之间自然人股权转让应当根据《股权转让所得个人所得税管理办法（试行）》等相关法律法规的规定，如工商行政管理部门登记的转让方和受让方之间存在配偶、父母、子女、祖父母、外祖父母、孙子女、外孙子女、兄弟姐妹关系的，转让股权的价格如果偏低视为正当理由，未产生应纳税所得额，因此无需缴纳个人所得税。

公司股东曾木根曾以1元/出资额的价格向曾晖转让其所持有的公司30%股权，虽然实际上系张化宏委托曾木根将公司30%股权无偿赠与曾晖，但工商行政管理部门登记的转让方曾木根和受让方曾晖为父子关系，属于《股权转让所得个人所得税管理办法（试行）》所规定的股权转让收入明显偏低但具有正当理由的情形，本次股权转让未产生应纳税所得额，因此无需缴纳个人所得税，亦无需进行补缴。

根据主管税务机关对公司历次股权变动（包括股权转让、股权代持及还原和股权赠与等变动）的查验，历次股权变动涉及的自然人股东均按期申报并依法纳税，历次股权变动中未缴纳税款的情况系由于未产生应纳税所得额，根据相关法律规定无需缴纳。"

虽然公告说得有理有据，但笔者还是发现了一些被忽略的细节。

细节1：2007年7月，张化宏将自己持有的宏英有限51.00%股权转交曾晖代持。

细节2：2011年8月，张化宏将原委托刘新东代持的宏英有限49.00%股权转交曾木根代持。

张化宏与曾晖是姐夫和小舅子关系，与刘新东是同学关系，这两个关系均不在前述"配偶、父母、子女、祖父母、外祖父母、孙子女、外孙子女、兄弟姐妹关系"之中。

既然不在当中，为什么也可以不交个人所得税呢？难道还有另外的规定？

其实，对于这种代持还原行为，无论是近亲属之间，还是非近亲属之间，能够依靠的都是一个政策条文，即《股权转让所得个人所得税管理办法（试行）》第十三条：符合下列条件之一的股权转让收入明显偏低，视为有正当理由：

（一）能出具有效文件，证明被投资企业因国家政策调整，生产经营受到重大影响，导致低价转让股权；

（二）继承或将股权转让给其能提供具有法律效力身份关系证明的配偶、父母、子女、祖父母、外祖父母、孙子女、外孙子女、兄弟姐妹以及对转让人承担直接抚养或者赡养义务的抚养人或者赡养人；

（三）相关法律、政府文件或企业章程规定，并有相关资料充分证明转让价格合理且真实的本企业员工持有的不能对外转让股权的内部转让；

（四）股权转让双方能够提供有效证据证明其合理性的其他合理情形。

近亲属之间，当然就是此条（二）款所说的情形，那非近亲属之间呢，关键就是此条（四）款所说的"股权转让双方能够提供有效证据证明其合理性的其他合理情形"。

但是，千万不要以为代持还原一定可以适用此条政策，那不一定！

因为《股权转让所得个人所得税管理办法（试行）》同时还规定：

第十二条　符合下列情形之一，视为股权转让收入明显偏低：

（一）申报的股权转让收入低于股权对应的净资产份额的。其中，被投资企业拥有土地使用权、房屋、房地产企业未销售房产、知识产权、探矿权、采矿权、股权等资产的，申报的股权转让收入低于股权对应的净资产公允价值份额的；

……

（六）主管税务机关认定的其他情形。

也就是说，这件事情的结果，关键取决于主管税务机关的态度。

幸运的是，包括本案中宏英智能的主管税务机关国家税务总局上海市嘉定区税务局第十六税务所在内的越来越多的主管税务机关对这种代持还原的情况保持了开放态度。

最后，还是要强调一条，对于这类事情，主管税务机关一般是不会出具直接认可的文书的，充其量"口头答复"，很多时候就需要股东出具承诺书。

公告继续披露：

此外，公司控股股东、实际控制人张化宏、曾红英、曾晖已出具承诺："本人承诺，不存在被立案调查行政处罚和被追究刑事责任的风险。如本人因公司股权变动、分红和薪酬等方面原因未按规定足额缴纳税务或未及时缴纳税务，需要本人承担相关责任的，或因未及时缴纳税务，被税务主管部门要求补缴税款或缴纳相关滞纳金的，或因政府机关要求等其他原因导致本人承担责任的，本人将无条件承担全部费用，若未来存在任何税务风险将积极配合税务主管机关,并自行承担相应责任,以确保发行人及其下属子公司不会因此遭受任何损失。"

个人股东代持股还原时,个税问题全靠《股权转让所得个人所得税管理办法(试行)》第十三条了,还是明牌!